Alfred Pockler
Brot und Suppe
Erinnerungen an die russische Kriegsgefangenschaft

Alfred Pockler

Brot und Suppe

Erinnerungen an die russische
Kriegsgefangenschaft

EDITION

Wort und Zeit

Die Deutsche Bibliothek – CIP-Einheitsaufnahme

Pockler, Alfred:
Brot und Suppe : Erinnerungen an die russische
Kriegsgefangenschaft / Alfred Pockler. –
Gelnhausen : TRIGA Verl., 1997
(Edition Wort und Zeit)
ISBN 3-931559-38-6

1. Auflage
© 1997 by TRIGA Verlag
Herzbachweg 2, D-63571 Gelnhausen
Alle Rechte vorbehalten
Satz: Satzservice Chr. Meyer, München
Schriftart: Times 11·n
Umschlaggestaltung: R. Marcel Extra, Frankfurt/M.
Herstellung: Claudia Pöhlmann, Frensdorf
Printed in Germany
ISBN 3-931559-38-6

Achte auf die Zeichen der Zeit,
und halte die Augen auf, recht weit.
Laß dich nicht zwingen zu einem Krieg,
denn nur Frieden ist Sieg.

Vorwort

Die schwerste Zeit meines Lebens war ohne Zweifel die der Kriegsgefangenschaft. Daher möchte ich für mich, meine Nachkommen und für alle anderen aufschreiben, was weiter in Erinnerung bleiben soll.

Ich war gerade achtzehn Jahre, als ich als Soldat einer Vorausabteilung nach Rußland mußte. Mit achtundzwanzig Jahren konnte ich wieder ein normales Leben beginnen. Dies sind Folgen eines Krieges, den die wenigsten Menschen wirklich gewollt haben.

Leider sind – meiner Beobachtung nach – auch heute noch einige Historiker und Politiker der Ansicht, daß die meisten Soldaten am Ausbruch des Zweiten Weltkrieges mitschuldig waren. In einer Zeit, in der manche Angehörige der Nachkriegsgeneration die Vision haben, einen Krieg vermeiden zu können, indem man nicht hingeht, scheinen die damaligen Zwänge und deren Auswirkungen nur noch schwer begreiflich.

Da während der Kriegsgefangenschaft kein Tagebuch geführt werden durfte, können einige Erlebnisse sich zeitlich in den Erinnerungen etwas verschoben haben.

Alfred Pockler

Die Auflösung

In dem kleinen Ort Rosenow in Pommern, in dem sich über Nacht etwa dreitausend Soldaten und zwei Generale gesammelt hatten, herrschte in den frühen Morgenstunden des 5. März 1945 tiefe Stille. Es waren Reste von Einheiten, die durch den Rückmarsch auseinandergerissen waren, oder in Eile zusammengestellte Gruppen, wie zum Beispiel eine mit uns operierende Gruppe. Sie nannte sich: „Fallschirmjäger zbV.“ Eine aus mehreren Schulen als Einzelkämpfer ausgebildete Soldatentruppe, die nun mit uns gemeinsam kämpfte.

Auch wir waren nur noch ein Zug mit vier Sturmgeschützen, der nicht mehr zur Sturmgeschütz-Abteilung 1021 zurückfand. Der größte Teil der Soldaten gehörte zur Infanterie und zu den Pionieren. Jeder spürte, es ging dem Ende zu. Gestern hatten wir noch versucht, aus dem Kessel auszubrechen, aber der Widerstand war zu stark gewesen. Unsere vier Sturmgeschütze (Jagdpanzer ohne drehbaren Turm) hatten noch genügend Munition, doch ging der Kraftstoff zur Neige.

Leutnant Götzel kam von der Lagebesprechung zurück und gab uns das Ergebnis bekannt: „Die Kraftfahrzeuge im ganzen Ort werden leergetankt, und der Kraftstoff wird von den Sturmgeschützen übernommen. Sämtliche Fahrzeuge werden zur Sprengung fertig gemacht, und bei Dunkelheit geht es dann im ‘Gänsemarsch’ durch sumpfiges Gelände aus dem Ort heraus.“

Wir bezogen nun mit unseren Sturmgeschützen Stellung an den Ortsausgängen und bereiteten unsere Geschütze zur Sprengung vor. Es war gerade noch genügend Zeit, um etwas gegen unseren Hunger zu tun. Wir hatten kaum den Brotkasten geschlossen, als schon die Hölle losbrach. Fast eine Stunde lang brachten die Geschosse von Pak und Granatenwerfern Tod und Verderben in den Ort.

Als das Feuer plötzlich aufhörte, kam der erwartete russische Angriff. Stur, ohne Deckung, in Massen. Doch wir hatten es ja erwartet. Während die Maschinengewehre und Karabiner unserer Infanterie den Tod in die russischen Reihen schickten, versuchten wir mit unseren Sturmgeschützen die Pak, welche noch immer in den Ort hineinschoß, zum Schweigen zu bringen.

Nach etwa zwanzig Minuten war der Angriff abgeschlagen. Es war neun Uhr geworden. Wir stiegen aus den Sturmgeschützen und sahen in den Ort. Der größte Teil der Häuser brannte. Frauen und Kinder waren genauso gefallen wie viele Kameraden; der Tod hatte keine Ausnahme gemacht.

Dann kamen russische Spähtrupps, abwechselnd von allen Seiten. Wahrscheinlich hatte der Russe mit so einem starken Widerstand nicht gerechnet. Doch kein Spähtrupp kam näher an den Ort heran. Schließlich stellten auch sie ihre Aktivitäten ein, und wir wurden in Ruhe gelassen. Unser Leutnant holte die letzte Flasche Dreistern heraus, und jeder durfte mit einem kräftigen Schluck seine Lebensgeister auffrischen. Es tat gut, denn wir waren alle übermüdet, durchgefroren und hatten schon mehrere Tage kein warmes Essen mehr zu uns genommen.

Als die Sonne endlich verschwunden war, kam unsere letzte Aufgabe als Sturmgeschützmänner: die Sicherung des Ausbruchs bis zum letzten Mann.

Wir bezogen Stellung, und der „Gänsemarsch“ durch das Sumpfgelände begann. Endlos erschien uns die Reihe, die, ohne einen Laut, ohne einen glimmenden Zigarettenfunken, in aller Ruhe an uns vorüberzog. Nach langer Zeit dann das Ende. Ein Mann kam an unseren Panzer und sagte nur: „Letzter Mann.“

Nach etwa zehn Minuten fuhren wir mit möglichst gedrosseltem Motor unsere Panzer dicht aufeinander. Es hieß Abschied nehmen. Die Handwaffen und die Verpflegung waren umgeschnallt, die Sprengladung im Rohr und Motorenraum vorbereitet. Ein leises Kommando: „Fertig, los!" Während die Zündschnüre zischten, liefen wir davon. Da – ein grelles Aufblitzen, mehrere Detonationen, fast zugleich; und unsere stählernen Kameraden borsten auseinander.

Bald hatten wir den Anschluß erreicht, doch nun ging es sehr langsam voran, weil wir verwundete Kameraden zu transportieren hatten und sich uns Hindernisse, wie breite Wassergräben und Sumpflöcher, entgegenstellten. Ohne die Führung von ortskundigen Leuten wäre ein Durchbruch an dieser Stelle wohl nicht gelungen.

Nach zwei Stunden wurde der Boden fester. Wir hatten den Sumpf hinter uns; aber wie sahen wir aus? Bis zu den Knien waren wir naß, schlammig und ohne die Aussicht, unsere Sachen trocknen zu können.

Um Mitternacht wurde die erste Rast gemacht. Ein neugieriger russischer Posten, der nach uns sah, mußte seine Waffe abgeben und uns einen gefahrlosen Übergang über die Hauptstraße weisen. Es klappte gut, und wir ließen ihn wieder frei. Daß dies jedoch ein folgenschwerer Fehler war, mußten wir am Morgen feststellen. Unser starker Haufen war erkannt, und es begann ein richtiges Kesseltreiben auf uns. Nun galt die Parole: „Rette sich wer kann!"

Niemand wollte mehr das Kommando übernehmen, und der große Pulk löste sich in kleine Gruppen auf. Von unserer Panzerabteilung waren wir noch dreißig Mann, darunter zwei Offiziere. Wir fanden seitlich in Schilf und dichtem Unterholz eine gute Deckung, so daß die Kesseltreiber, die ja nun einen großen Pulk suchten, an uns vorbeizogen.

Wir waren auf uns selbst gestellt und zogen weiter, bis

wir an das Waldende kamen. In einer Tannenschonung warteten wir die Dunkelheit ab. Schivelbein, für uns in zwei Tagen erreichbar, sollte noch in deutscher Hand sein. Unser Plan war folgender: Marschiert wird nur nachts, tagsüber Ruhe in dichten Schonungen mit Sicherungen nach drei Seiten.

Endlich war es soweit. Wir konnten uns aus dem Wald herauswagen. Zweimal zwei Mann in hundert Metern Abstand als Sicherung vorweg. Wir waren auf alles gefaßt. Auf Feldwegen ging es in nördliche Richtung. Als wir gegen zwei Uhr wieder einen Wald erreichten, gab es die erste Überraschung. Von unserer Sicherung kam die Meldung: „Achtung – Stimmen von vorn!" Sofort gingen wir alle in Deckung, und schon bald konnten wir das leise Sprechen von zwei Männern hören; doch es war kein Wort zu verstehen.

Auf etwa zehn Meter waren sie nun herangekommen. Der Leutnant rief sie in halber Lautstärke an: „Halt, wer da?" Wie erstarrt blieben die Männer stehen, und es dauerte ein paar Sekunden, bis sie antworteten: „Deutsche Soldaten!" Wir standen auf, und es entstand ein Geflüster nach dem Woher und dem Wohin. Die beiden Landser kamen von unserem Ziel, von Schivelbein. Es war also zwecklos, dorthin zu marschieren.

Die Stimmung fiel auf den Nullpunkt. Seit dem Ausbruch hatten wir nasse Füße, waren müde, und die Verpflegung wurde knapp. Eine erneute Beratung setzte ein. Das Ergebnis sah so aus: Wir marschieren ab sofort in zwei Gruppen zu fünfzehn Mann an Schivelbein vorbei in Richtung Oder. Die Teilung in zwei Gruppen war von Vorteil, weil ein Vorwärtskommen unauffälliger und die Verpflegung leichter zu besorgen war. Schnell hatten sich zwei Gruppen gebildet, und es gab ein kurzes, herzliches Abschiednehmen. Während die andere Gruppe noch Einteilungen machte, marschierten wir schon weiter. Gegen fünf

Uhr erreichten wir das Waldende. Ein Blick auf die Karte sagte uns, daß in etwa acht Kilometern der nächste große Wald begann; also sofort weiter! Es waren abgelegene Feldwege, aber auch dort waren die Spuren des grausamen Krieges immer wieder sichtbar. Abgeschossene Panzer, tote Soldaten. Auch Kinder und Frauen hatten ihr Leben lassen müssen.

Wir erreichten den Wald im Morgengrauen und suchten uns dort, weit weg von den Hauptwegen, eine dichte Schonung. Bald hatten wir auch etwas Passendes gefunden. Die Wacheinteilung war schnell gemacht, und die Horchposten bezogen ihre Stellung. Jetzt kam es zum Thema Verpflegung, fast keiner hatte mehr ein Stück Brot.

Es war gut, daß wir von dieser Gegend noch brauchbare Karten hatten. Demnach mußte in circa einem Kilometer westlich, am Waldrand, ein einzelnes Grundstück sein. Ein Kamerad und ich machten uns freiwillig auf den Erkundungsweg. Nach zwanzig Minuten wurde der Wald lichter, und gleich darauf waren wir am Waldrand. Doch von einem Grundstück war nichts zu sehen. Wir kennzeichneten die Stelle, an der wir aus dem Wald getreten waren, und gingen dann ein Stück weiter. Wir brauchten nicht lange zu suchen, schon bald fanden wir das gesuchte Grundstück. Es war so gebaut, daß wir nicht in den Hof sehen konnten, aber wir beobachteten alles, was vor uns lag. Außer blökenden Schafen und gackernden Hühnern konnten wir nichts erkennen. So wagten wir uns die einhundertfünfzig Meter bis zur Scheune vor. Der Anblick des Hühnerstalls ließ unsere Herzen höher schlagen. Die Nester waren bis zum Überlaufen mit Eiern gefüllt. Mein Kamerad nahm sofort einen Korb, der an der Wand hing, und legte die Eier hinein.

Unterdessen ging ich zur Hausecke und nahm Einblick in den Hof. Dort standen drei gesattelte Kosakenpferde.

Ich eilte sofort zu meinem Kameraden. Zum Wald zurück war es zu gefährlich, also in die Scheune, an den Balken hochklettern und von oben durch die Giebelspitze den Hof beobachten. Wir lauschten, hörten auch im Haus das Klirren von Geschirr und dumpfes Poltern.

Es dauerte nicht lange, und die Russen kamen aus dem Haus. Es waren echte Mongolen, schlitzäugig, gelb. Sie sprangen auf ihre kleinen Pferde, und im Galopp ging es davon. Die Gefahr war vorbei. Wir stiegen von unserem Versteck herunter. Mein Kamerad blieb am Weg auf Posten, während ich im Haus alles Eßbare zusammensuchte. Wir waren zufrieden, denn ich fand Mehl, Fett, Rübenkraut und Zucker. Schwer bepackt mit all den Sachen, einschließlich der hundert Eier, kehrten wir zu unseren Kameraden zurück.

Das Lager lag wirklich geschützt, denn obwohl die Kameraden ein kleines Feuer gemacht hatten, konnten wir bis auf kurze Entfernung nichts entdecken. Unser Nachschub brachte die Gruppe wieder etwas in Stimmung. Wir hatten auch eine Pfanne mitgebracht, und schon nach einer Viertelstunde war der erste Eierkuchen fertig. An diesem Tag konnten wir auch wieder einmal unsere Strümpfe trocknen, und jeder kam auf einige Stunden Schlaf.

Als es dunkel wurde, brachen wir erneut auf. Es ging in nordwestlicher Richtung weiter, wir waren satt und hatten trockene Füße.

Aber wir hatten noch nicht den Wald verlassen, als das Zeichen für „Deckung" kam. Im selben Moment war alles verschwunden. Vier russische Reiter kamen uns entgegen, die uns jedoch nicht bemerkten; also ging es weiter.

Kurz nach Mitternacht tauchte vor uns ein größerer Ort auf. Durch die vergangenen Tage waren wir stur geworden, und so war es uns zuviel, das Dorf zu umgehen. Kurz entschlossen betraten wir die Dorfstraße. In einem Haus brannte ein schwaches Licht. Wir lauschten und hörten

Frauen sprechen; vielleicht konnten wir etwas erfahren?

Während wir an den Häusern sicherten, ging der Leutnant mit zwei Kameraden in das Haus. Etwa fünfzehn Frauen und zwei alte Männer waren hier zusammengezogen. Sie hatten Angst, allein in ihren Wohnungen zu bleiben. Soviel sie wußten, waren im Ort keine russischen Soldaten. Nur am Tag kam ab und zu eine Patrouille ins Dorf.

Wir fühlten uns daraufhin sicher und marschierten mit ruhigem Schritt durch das Dorf. Zwei Kameraden von uns beherrschten die russische Sprache, sie gingen daher stets an der Spitze und sollten bei einem überraschenden Anruf auf Russisch antworten. Hier kamen sie erstmals zum Einsatz.

Ungefähr in der Mitte des Dorfes stand ein unbemanntes Krad mit Beiwagen. Plötzlich aus dem Dunkel ein Anruf: „Sto takoi?“ („Was ist das?“) Prompt antwortete unser Dolmetscher: „Ruski Patrouill!“ Ohne Veränderung des Schrittes ging es weiter, doch der Russe war mit der Antwort nicht zufrieden und rief: „Stoi!“ („Halt!“). Keine Antwort.

Das Knacken des Gewehrschlosses war deutlich zu hören; dann eine zweite und dritte Aufforderung zum Anhalten. Aber wir hatten Zeit gewonnen und verschwanden in der Dunkelheit. Nun begann der russische Posten zu schießen, während wir unser Tempo beschleunigten. Fünfmal zischten Kugeln über unsere Köpfe, aber getroffen wurde niemand. Wahrscheinlich war es eine Patrouille gewesen, die in diesem Ort übernachtete.

Nach einer Stunde kamen wir an ein einzelnes Haus. Ob hier wohl noch jemand wohnte? Wir umkreisten wie Wölfe das Haus und gingen dann zu der offenen Tür. Warme Luft kam uns entgegen. Mit entsicherter Maschinenpistole wurden zunächst alle Räume inklusive Keller untersucht. Kein Lebewesen war zu finden.

Zwei Männer blieben als Posten draußen, und die Fenster wurden mit Decken und Tüchern verdunkelt. Erst jetzt zündeten wir eine Kerze an und erlebten eine freudige Überraschung: In der Küche stand auf dem Herd ein großer Kessel mit Schweinefleisch. Wer mochte es wohl gekocht haben? Waren vor uns schon andere Kameraden hier im Quartier gewesen? Die Brühe war wohltuend und das Fleisch für uns eine Delikatesse. Aber wir mußten uns beeilen, denn bis zum schützenden Wald war es noch weit. Wir wollten ihn unbedingt erreichen, denn dann begannen die großen Wälder östlich von Stettin-Altdamm; dort konnten wir es auch tagsüber versuchen, voranzukommen.

Früher als erhofft erreichten wir einen dieser Wälder, die uns in den letzten Tagen vertraut geworden waren. Während einer Pause studierten wir die Karte erneut. In ungefähr drei Kilometern Entfernung war eine Försterei eingezeichnet. Wir hofften, dort, mitten im Wald, eine erholsame Rast einlegen zu können, und setzten uns in Marsch. Mit Karte und Kompaß ausgerüstet, war es nicht schwierig, unser potentielles Quartier zu finden.

Aus dem Quartier wurde jedoch nichts, denn was sich dort unseren Augen bot, war unheimlich. Im Hof der Försterei stand ein kleines umzäuntes Gebäude, davor ein Schild mit der Aufschrift: „Gefangene des Lagers Nr. ...“ In dem Gebäude lagen zwei Förster in Uniform, bis zur Unkenntlichkeit verstümmelt. Ein grausamer Anblick – wir verließen rasch diesen Ort.

Endlich war eine passende Stelle gefunden: eine Schonung, welche bis an einen kleinen See reichte. Sicherungstechnisch hatte es den Vorteil, daß wir zur Seeseite keinen Posten aufzustellen brauchten.

Da war er – der ersehnte Ruhetag. Sogar die Sonne kam wieder einmal aus ihrem Versteck. Nach der Wacheinteilung suchte sich jeder sofort ein Schlaflager. Aber für wie lange?

Schon nach einer knappen Stunde gab es Alarm. Doch

diesmal zu früh. Acht Landser hatten ebenfalls in dieser Schonung ein Quartier gesucht. Sie waren schon länger unterwegs als wir und erzählten uns, daß vor Stettin noch ein deutscher Brückenkopf gehalten würde. Die Wälder vor Stettin seien voll deutscher Landser, aber der Russe durchkämme die Hochwälder, und die niedrigen Schonungen würden angezündet. Wer dann von den Landsern aus einer angezündeten Schonung herausträte, würde von den aufgestellten russischen Maschinengewehren „niedergemäht".

Nach dieser Nachricht begaben wir uns wieder zu unseren Schlaflagern. Im Schlaf hörte ich Schüsse, die mich hochrissen. Ich sprang auf und wollte fortlaufen, aber ich fiel zweimal hin, weil ich noch immer meine Decke an den Füßen hatte. Endlich schüttelte ich sie ab und rannte los, ohne zu wissen wohin.

Am Ende der Schonung stand ich plötzlich einem Russen gegenüber, der seine Maschinenpistole auf mich richtete. Doch ich hatte die Situation noch gar nicht richtig erfaßt und lief weiter. Erst als ich das Knacken der Maschinenpistole hörte und sah, wie der Russe hastig herumhantierte, wurde mir bewußt, daß ich mein Leben einer Ladehemmung eben dieser Maschinenpistole zu verdanken hatte. Nun lief ich um so schneller an dem russischen Soldaten vorbei, tiefer in den Wald hinein, bis ich einen Granattrichter fand. Ich sprang hinein und verschnaufte erst einmal. In welche Richtung mußte ich nun weiter, um unseren vereinbarten Treffpunkt für überraschende Fälle zu finden? Ein Blick auf meine Uhr und die Sonne sagte mir, daß ich bisher in südlicher Richtung gelaufen war, also mußte ich fast entgegengesetzt zu unserem Treffpunkt, einer kleinen Schlucht, marschieren.

Um nicht noch einmal mit einem russischen Soldaten zusammenzustoßen, machte ich einen Umweg. Es war schwierig, die kleine Schlucht in dem fremden Wald zu finden. Die Sonne und die Uhrzeit brachten mich schließlich wieder zu meinen Kameraden. Es fehlten noch vier. Wir warteten eine Stunde über die vereinbarte Zeit hinaus, aber zwei von ihnen kamen nicht wieder. Ob sie uns nicht finden konnten oder ob sie in Gefangenschaft geraten waren, verwundet oder gefallen? Niemand hatte sie gesehen. Bis zu der Stelle, an der wir überrascht worden waren, suchten wir noch einmal den Wald ab – doch keine Spur von unseren Kameraden. Also zogen wir weiter bis zum Waldrand, von dem wir die Hauptstraße beobachten konnten. Die Kette von Fahrzeugen riß so gut wie nicht ab. Erst als es dunkler wurde, kamen die Fahrzeuge seltener.

Schließlich hatte unser Leutnant einen geradezu tollkühnen Einfall. Es galt, die Dunkelheit und die immer geringer werdende Verkehrsdichte für uns zu nutzen, indem wir eine Barrikade bauten und das erste davor anhaltende Fahrzeug kaperten. Unsere beiden Dolmetscher sollten die russischen Uniformen anziehen, und wir wollten mit dem Fahrzeug, wenn möglich, bis über die Oder fahren.

Gegen zweiundzwanzig Uhr schleppten wir leere Benzintonnen und alte Kisten zur Straße. Schnell war ein Hindernis zusammengestellt. Wir legten uns mit schußbereiten Handfeuerwaffen zu beiden Seiten der Straße.

Nun begann es zu regnen, es wurde kälter, und aus dem Regen wurde Schnee. Aber kein Fahrzeug kam. Um zwei Uhr hatten wir das Warten satt. Durchfroren und naß setzten wir uns in Marsch – Richtung Stettin. Es ging durch langgedehnte Wälder, so daß wir uns nur selten auf freiem Gelände fortbewegen mußten. Ein verlassenes Russenlager im Wald bot uns trockene Brotreste, Kartoffeln, und wer Glück hatte, fand etwas Tabak. Die Rauchwaren waren uns langsam ausgegangen.

Am folgenden Morgen hörten wir in der Ferne schweren und langanhaltenden Kanonendonner. Sollte es schon der Brückenkopf von Stettin sein? Daß wir uns nicht getäuscht hatten, erfuhren wir zwei Tage später. Wir gönnten uns an diesem Tag keine Ruhe. So schnell wie möglich wollten wir dort sein, wo der Kanonendonner herkam. Dort mußten ja Kampfhandlungen sein und somit also die Front.

Als am Abend der Schlachtenlärm verstummte, ahnte jeder von uns, was geschehen war, doch niemand sprach es aus. Wir waren übermüdet, aber nach kurzer Rast ging es doch wieder weiter. Gegen zweiundzwanzig Uhr wurde es, noch weit vor uns, glutrot am Himmel. Wir glaubten, es seien brennende Gehöfte. Doch schnell wurde es heller und kam näher. Wir blieben nun stehen und hörten, daß sich uns Fahrzeuge näherten. Abseits vom Weg und aus der dichten Schonung heraus sahen wir, wie zwei Lastwagen mit russischen Soldaten auf dem Weg hielten. Die Soldaten sprangen herunter und verteilten sich nach links und rechts.

Jetzt wußten wir, was das zu bedeuten hatte: Die lange Schonung, in der wir saßen, war angezündet, und nun warteten die Russen auf die Soldaten, die hier wie gehetztes Wild aus der brennenden Schonung herauskommen sollten. Nur gut, daß die Kameraden es uns vor ein paar Tagen schon erzählt hatten. Doch was sollten wir machen? Dem Feuer entgegen, entschieden wir, vielleicht finden wir noch eine freie Stelle, aus der wir entweichen können.

Inzwischen war der Brand so weit herangekommen, daß wir es rauschen hörten und die Funken hoch oben in der Luft sahen. Eine freie Stelle fanden wir jedoch nicht. So suchten wir einzeln weniger dichte Stellen, warfen unsere Decke über uns und warteten ab. Das Feuer kam heran. Von weitem sah es gefährlicher aus, als es war, denn nur das Gras und ein paar trockene Äste brannten. So konnten wir ohne Verbrennungen durch die Feuerwand laufen und fanden uns bald alle wieder.

Auch andere Kameraden waren in dieser Schonung gewesen. Sie lachten nur über den Versuch der Russen, uns aus den Wäldern zu treiben. Die Kameraden hatten noch genügend Zigaretten. Sie gaben uns welche ab, was uns natürlich freute. Auch ihr Ziel war Stettin, und sie schlugen vor, gemeinsam zu marschieren, diese Nacht aber zu ruhen. Da wir ohnehin übermüdet waren, warteten wir nicht lange, sondern legten uns sofort zur Ruhe.

Die Sonne war schon aufgegangen, als wir wieder munter wurden. Heute mußten wir unbedingt etwas Eßbares organisieren, der Hunger schaute uns aus den Augen. Decken zusammengerollt und marsch, Richtung Stettin!

Am Mittag erreichten wir eine freie Stelle im Wald, zwei Bauernhöfe standen dort, zu sehen war niemand. Mit fast dreißig Mann konnten wir es schon wagen, ohne lange Erkundungen auf die Häuser zuzumarschieren. Es war keine Menschenseele zu sehen, dafür aber Kartoffeln, Fett, Eier. Ein paar Schweine liefen auch herum. Unsere Kameraden besetzten den einen Hof und wir den anderen. Da unser Hof auf einer Anhöhe stand, konnten wir vom Dachboden aus den Weg, der zu den Häusern führte, weit übersehen.

Nun hieß es arbeiten. Ein Schwein wurde mit einem Pistolenschuß erlegt und abgestochen, damit es ausbluten konnte. Es gab kein richtiges Brühen und fachgerechtes Auseinandernehmen. Anschließend schnitten wir die Teile heraus, die wir für unsere Verpflegung brauchten. Einige Kameraden schälten und kochten Kartoffeln. Als jeder seinen größten Hunger gestillt hatte, wurde Fett ausgelassen und Frikadellen gebraten.

Ein halber Eimer mit den appetitlichen Frikadellen war fertig, da gab unser Aussichtsposten Alarm. Ein stärkerer Trupp russischer Soldaten kam auf dem Waldweg auf uns zu. Wir verständigten die Kameraden auf dem anderen Hof, aber die waren zu stur und blieben da. Wir dagegen verschwanden mit einem Eimer Fett, einem Eimer Gehacktes und den fertigen Frikadellen schnell im Wald. Kaum waren wir außer Sicht, begann bei den anderen Kameraden eine wilde Schießerei. Wir haben keinen mehr wiedergetroffen.

Die Verpflegung wurde aufgeteilt, und wir marschierten weiter.

Noch vor Dunkelheit kamen wir in eine Schonung, in der es wüst aussah: ein Unterstand am anderen, Laufgräben und Stellungen, aber kein Mensch. Hier fanden wir reichlich Brot, Margarine, Käse und endlich in einem Bunker einen kleinen Sack mit Blättertabak. Es bestand kein Zweifel, hier waren die russischen Stellungen gegen unseren Brükkenkopf gewesen, der vor zwei Tagen eingedrückt wurde. Also kamen wir zu spät, um noch deutsche Einheiten zu erreichen.

Wir blieben bis zum nächsten Nachmittag. Die Sonne meinte es gut, es war ein rechtes Frühlingswetter. Unser Kochgeschirr diente als Waschschüssel, und zwei Rasierapparate gingen von Hand zu Hand, bis wir alle ein wenig menschlicher aussahen. Dann wurden neue Pläne gemacht. Noch ehe es dunkel wurde, brachen wir auf; wir wollten in der Nacht bis zur Oder kommen. Etwa einen halben Kilometer von unserer Raststätte entfernt standen ein paar zerschossene russische Panzer auf einer Straße, ab und zu kam ein Fahrzeug dahergefahren, aber sonst war nichts vom Feind zu sehen.

Wir mußten weiter. Am Ende des Waldes hörten auch die russischen Stellungen auf, und etwa dreihundert Meter weiter begannen deutsche Stellungen.

So klar wie der vergangene Tag war auch die Nacht. Für uns fast zu hell, da wir uns auf freiem Gelände befanden. In den deutschen Stellungen, die wir durchquerten, sahen wir die ganze Härte des Kampfes, der hier getobt haben mußte. Pak und Granatwerfer, Maschinengewehre und Handwaffen, alles war von Artillerie und Panzern vernichtet worden. Bei vielen Waffen lag auch die Mannschaft. Sie hatten bis zum letzten Mann ausgehalten.

Vor uns tauchten Häuser auf, es konnte wohl nicht mehr weit bis zur Oder sein. Der Karte nach gehörten die Häuser zu Altdamm.

Wir wichen den Häusern aus und gingen auf nassen Wiesen weiter. Plötzlich gab ein Kamerad das Zeichen „Deckung" und zeigte mit der Hand auf eine Anhöhe vor uns. Dort sahen wir im Mondschein vier Kanonenrohre blitzen; ein Posten mit umgehängtem Gewehr marschierte dazwischen auf und ab. Also hatten wir eine russische Artilleriestellung erreicht. In zwei bis drei Kilometern Entfernung war die russische Linie, wahrscheinlich die Oder. Um der Artilleriestellung auszuweichen, mußten wir noch an einem Gehöft vorbei. Als wir bis auf fünfzig Meter heran waren, blieben wir wie auf Kommando stehen, vor uns hatte jemand gehustet, überlaut und unnatürlich. Zurück? Kommt nicht in Frage, Waffen schußbereit und weiter.

So marschierten wir zu unserem und wohl auch zum Erstaunen des soeben hustenden russischen Posten vorbei. Wir taten so, als hätten wir nichts bemerkt. Wahrscheinlich hatte der Russe Angst gehabt. Vorsichtig ging es weiter, bis wir einzelne Karabinerschüsse hörten; es war die russische Linie. Wie wir vermutet hatten, reichten die Stellungen bis an die Oder, in diesem Fall bis zum Altdammschen See.

Zwecklos, in dieser Nacht konnten wir nichts mehr unternehmen. Wir mußten zurück, um noch vor Morgengrauen wieder im Wald zu sein. Da wir das Gelände kannten, war der Rückweg leichter, und es wurden noch ein paar Häuser untersucht, wobei ich besonderes Glück hatte. Ich fand einen Topf mit Rübenkraut und eine Tüte Haferflokken. Sofort vermengte ich beides und aß solange, bis ich satt war. Wir kehrten zu unserem alten Lagerplatz zurück und schliefen zunächst wieder ein paar Stunden.

Um die Mittagszeit gab es eine Besprechung. Sie dauerte recht lange, denn zum ersten Mal hatten wir Meinungsverschiedenheiten. Der Leutnant wollte in einer der kommenden Nächte mit einem selbstgebauten Floß über den See nach Stettin, einige aus Ostpreußen und Pommern stammende Kameraden wollten sich nach Hause durchschlagen. Ich selbst wollte versuchen, an der Oder entlangzumarschieren, bis ich einen möglichen Übergang finden würde.

Wieder ein Trennungstag. Mein Panzerkamerad Willi Marx und ich waren die beiden ersten, die sich von den anderen verabschiedeten. Wir tauschten noch Adressen von Angehörigen, zwecks Benachrichtigung, und dann waren wir für uns allein. Es hieß jetzt nur noch nach Kompaß zu marschieren, denn Karten hatten wir keine. Aber so genau kam es nicht darauf an; wir hatten ja Zeit, der Krieg mußte bald zu Ende sein, und das Wetter wurde auch immer besser. Während der Nacht marschierten wir durch. So hielten wir es auch weiterhin – am Tage wurde geschlafen und bei Nacht marschiert. Bis zur dritten Nacht hatten wir keinen Zwischenfall. Es war eben leichter, mit zwei Mann zu marschieren als mit fünfzehn. Außerdem marschierten wir erstmals in Richtung Ost-Ost-Süd, um weiter aus dem Kampfgebiet zu kommen.

Wir mußten unbedingt wieder etwas für unsere Mägen herbeischaffen; der Hunger quälte uns. Also liefen wir in der dritten Nacht ein einsames Gehöft an. Nichts deutete darauf hin, daß hier Russen sein könnten. Im Gegenteil, vor dem Haus war ein Sandkasten, und darin lagen kleine Eimer und Schaufeln, als wenn ein Kind mit seinem Spiel soeben aufgehört hätte. Die Fensterläden waren geschlossen, und aus einem Zimmer drangen friedliche Schnarchtöne. Also klopften wir an einen dieser Fensterläden. Sofort verstummten die Schnarchtöne, und wir hörten, wie jemand aus dem Bett aufstand. Ein alter Mann kam ans Fenster, machte die Schlagläden auf und sah zu uns hinaus.

Doch als er erkannte, daß wir deutsche Soldaten waren, winkte er uns hastig zu, wegzugehen. Wir verstanden seine Geste nicht und sagten ihm, er solle uns doch etwas zu essen bringen. Plötzlich verschwand er vom Fenster, und statt dessen kam ein Russe und rief auf Deutsch: „Was da?“

Sofort machten wir kehrt und liefen unseren Weg zurück. Wohl pfiffen wieder einmal einige Kugeln über unsere Köpfe hinweg, aber es war zu dunkel, um auf uns zielen zu können. Mit knurrenden Mägen zogen wir weiter.

Gegen Morgen kamen wir in einen Wald, in welchem eine deutsche Nachrichten-Abteilung gelegen hatte. Das sahen wir an den gesprengten und vernichteten Funkgeräten und Unterlagen. Doch auch Soldaten und Zivilisten fanden wir dort, erschossen oder mit Bajonetten erstochen. Wahrscheinlich waren sie hier von russischen Soldaten überrascht worden, denn sie lagen zum Teil noch in Decken gehüllt. Bei weiterem Suchen hatten wir endlich Glück. Wir fanden, was wir brauchten: zwei ganze Brote, dazu einen halben Eimer Zucker. Auch eine Daunendecke nahmen wir mit.

Schon zwei Kilometer weiter fanden wir eine günstige Lagerstätte. Noch nie hatten uns trockenes Brot und Zukker so gut geschmeckt.

Wir legten uns schlafen, aber es dauerte nicht lange, da wurden wir durch Schüsse geweckt. Die Kugeln pfiffen jedoch über uns hinweg. Was hatte das zu bedeuten? Ich schlich mich an den Rand der Schonung, um den Grund der Schießerei zu erkunden, und sah einen Wagen mit zwei Männern daherkommen. Sie hatten Kisten und Kartons geladen. Der Beifahrer machte sich einen Spaß daraus, mit seiner Maschinenpistole in die Baumkronen zu schießen.

Mein Kamerad war herangekommen und meinte, die hätten bestimmt Verpflegung geladen. Kurz entschlossen legten wir uns in Deckung und ließen den Wagen näher auf uns zukommen. Als er an uns vorbei war, sprangen wir auf und riefen: „Ruki werch!“ („Hände hoch!“) Sofort drehten sich die beiden Männer um, sahen in unsere Maschinenpistolen und taten das einzig Richtige: Sie hoben ihre Hände hoch. Während ich sie in Schach hielt, nahm Willi ihnen die Waffen ab. Anschließend mußten sie den Wagen verlassen und sich davor stellen. Bald hatte Willi alles Brauchbare heruntergeholt. Nachdem wir Weißbrot, Butter, Wurst und Zigaretten in unsere Rucksäcke verstaut hatten, ließen wir die beiden Soldaten, natürlich ohne Waffen, wieder laufen. Wir hatten ja stark mit einer Razzia gerechnet – aber nichts geschah.

In der Nacht gab es wieder eine Aufregung: Rechts von unserem Marschweg zog sich ein langer See hin, und vor uns tauchte der Ort Arnswalde auf. Er reichte fast bis an den See, so daß es ein großer Umweg gewesen wäre, wenn wir ihn umgangen hätten, wobei wir noch eine Hauptstraße überqueren mußten. So versuchten wir dicht am See weiterzukommen. In einer kleinen Bucht lagen etwa zwanzig Paddelboote. Ein russischer Posten sollte sie offensichtlich bewachen.

Nachdem wir ihn einige Zeit beobachtet hatten, sahen wir keine andere Möglichkeit, als eines dieser Boote zu benutzen, um im Schutz des hohen Schilfes den See entlangzupaddeln. Wir robbten bis an den kleinen Steg, an welchem die Boote mit Draht oder Bindfaden festgemacht waren, und warteten, bis der Posten etwas weiter fortging. Rasch und geräuschlos machten wir ein Boot los. Leider fanden wir nur ein Paddel. Durch einen kräftigen Stoß kamen wir vom Ufer ab und fuhren, mit den Händen leise rudernd, den See entlang. Nach ein paar hundert Metern mußten wir jedoch wieder an Land, denn das Boot war leck und unsere Füße schon ganz naß. Wir lenkten das Boot ans Ufer und stellten fest, daß wir Arnswalde hinter uns hatten. Nichts war zu sehen oder zu hören.

Nach einer Wegstrecke über freies Gelände kamen wir an eine Bahnlinie. Wir waren etwa eine Stunde auf den Schwellen dieser Linie marschiert, als wir ein Geräusch hörten, das wir uns nicht erklären konnten. Uns blieb auch keine Zeit, darüber nachzudenken, denn das Geräusch kam schnell näher, und wir mußten uns sofort eine Deckung suchen. Auf den Schienen kam uns ein Fahrzeug entgegen, das wir wegen der Dunkelheit nicht richtig erkennen konnten. Jedenfalls fuhr es auf den Schienen und hatte Eisenräder.

Für uns ging es weiter auf den Bahnschwellen. Es wurde hell. Auf einmal hörten wir lautes Grollen und Schüsse. Bald hatten wir herausgefunden, was es war: In einem Materiallager der Bahn feierten russische Soldaten wohl schon den Sieg.

Unser Mut ließ uns im Stich. Wir waren müde, naß, hungrig, und die Ungewißheit plagte uns. In der Morgendämmerung wurde es Zeit, nach einem Unterschlupf zu suchen. Es fand sich kein richtiges Versteck im Wald, denn hier gab es fast keinen Hochwald, und so suchten wir außerhalb des Waldes nach einer Schlafgelegenheit. Schließlich kamen wir auf den Gedanken, einen großen Strohhaufen, der auf freiem Feld stand, in Augenschein zu nehmen. Kein Mensch ließ sich blicken, und wir kamen gut an den Strohhaufen heran. Aus Stroh drehten wir ein Seil, banden an das Ende einen Stein und warfen den Stein über den Haufen. Es klappte gut, ich hielt das Seil auf der einen Seite fest, und Willi kletterte auf der anderen Seite hoch. Anschließend zog ich mich nach oben. Es war ein herrliches Quartier. Wir buddelten uns in die Kuppe des Strohhaufens hinein, zogen unsere nassen Sachen aus und waren erstaunt, wie warm es in diesem Strohhaufen war.

Bei dem Gedanken, daß die Russen hierher kämen und den Haufen anstecken würden, war uns nicht wohl. Mehrmals am Tage sahen wir auf der Straße kleine Wagenkolonnen und Reiter, aber keiner kam zu uns. In der Dunkelheit verließen wir unser Quartier und zogen an der Straße in südlicher Richtung weiter. Es war wieder einmal ein herrliches Gefühl, wirklich trocken und satt zu sein.

Nach längerem Marsch erreichten wir eine Kreuzung, an die wir recht nah heran mußten, um auf dem Wegweiser etwas erkennen zu können. „Berlinchen 3 Kilometer" stand dort zu lesen. Hierüber waren wir hocherfreut, denn bei unserer Trennung von den anderen Kameraden hatten wir unsere Marschstrecke nach der Karte und unseren Vorstellungen notiert und stellten nun mit Stolz fest, daß wir unsere Marschrichtung nicht verfehlt hatten. Für uns ging es weiter in Richtung Süden.

Die folgende Nacht verlief abermals nicht ohne Zwischenfall. Gerade als wir in einer Schlucht waren, kamen uns drei Reiter entgegen. Es war zu gefährlich, rechts oder links einen Hang hinaufzulaufen, also blieben wir einfach im Graben liegen. Die Reiter bemerkten uns nicht, und erleichtert zogen wir weiter.

Am Tagesbeginn suchten wir abermals eine Schlafstätte. Wir fanden eine kleine dichte Schonung. Schnell legten wir uns unter dichten Büschen zur Ruhe, die jedoch nur vier Stunden dauern sollte, bis uns Hundegebell unsanft weckte. Wir dachten, vielleicht sind es streunende Hunde, die auf Hasenjagd gehen. Aber das Gebell kam näher, und bald hörten wir auch menschliche Laute.

Wir brachen einige Zweige, um uns noch besser tarnen zu können, und hielten unsere Pistolen schußbereit. Ein Mann in erdbrauner Uniform kam auf uns zu, besser gesagt, zwei Hunde an einer langen Leine zogen ihn in unsere Richtung. Der Mann trug eine viereckige polnische Schirmmütze. Die Hunde hatten unsere Witterung aufgenommen und zogen ihren Führer mit Bellen und Jaulen zu unserem Versteck. Der Mann wurde nervös und machte im Laufen seine Pistole schußbereit. Jetzt wurde es für uns Zeit, zu handeln. Als er bis auf etwa fünfzehn Meter an unser Versteck herangekommen war, hob er seine Pistole in unsere Richtung; doch wir waren schneller. Der Mann fiel tot zu Boden. Die Hunde rasten auf uns zu, aber sie mußten genauso sterben wie ihr Führer.

Der Mann wurde durchsucht, und was wir aus den Taschen hervorholten, regte uns abermals auf: etwa zehn bis fünfzehn deutsche Soldbücher, mehrere Armbanduhren, Ehe- sowie Siegelringe, und was uns am meisten erregte, war eine größere Anzahl Goldzähne und Plomben. Dieser Fund ließ uns den Mann in einem anderen Licht erscheinen. Er war ein Kopfjäger und Leichenfledderer, auf keinen Fall ein Soldat.

An Schlaf dachten wir nicht mehr. Immer wieder kam das Gespräch auf das eben Erlebte und die Frage, ob er die Soldbücher von gefundenen toten Soldaten genommen hatte oder ob er diese selbst erschossen hatte.

Bei Einbruch der Nacht wollten wir noch ein Stück weiterkommen. Immer wieder mit dem Kompaß neue Punkte in unserer Marschrichtung anvisierend, marschierten wir weiter. Kurz nach Mitternacht hielten wir an und legten uns unter niederen Tannen schlafen. Schon lange hielten wir keine Wache mehr, denn wir hatten festgestellt, daß wir sowieso bei jedem Geräusch aufwachten, und langsam war uns auch alles gleichgültig. Aber nichts störte unsere Rast.

Nach dem Aufwachen machten wir uns wieder auf in Richtung Süden. Unsere schweren Maschinenpistolen hatten wir längst weggeworfen und gegen leichtere Pistolen eingetauscht; Waffen lagen ja genug herum. Es gab fast keine Gespräche zwischen uns. Jeder lauschte in alle Richtungen, um nicht überrascht zu werden.

Trotzdem fuhr uns der Schreck in die Glieder, als wir plötzlich aus dem Gebüsch mit „Hallo!“ angerufen wurden. Wir gingen sofort in Deckung, aber bei einem Feind hätte es nichts mehr genützt. Ein Stein fiel uns vom Herzen, denn aus dem Gebüsch kam eine deutsche Uniform hervor. Es war ein Stabszahlmeister, der noch die ganze Kasse bei sich hatte und sie uns anbot, wofür wir ihn mitnehmen sollten. Geld interessierte uns zu dieser Zeit überhaupt nicht, und die ganze Art seines Antrages gefiel uns nicht; wir waren uns auch einig und lehnten ab. Sonst blieb dieser Tag ruhig, und wir kamen ein Stück weiter nach Süden.

Überhaupt hatten wir festgestellt, daß in der Zone, in der wir nun schon tagelang marschierten, wenig von russischen Soldaten zu bemerken war. Für uns war dies natürlich eine beruhigende Feststellung.

Wir machten keine geregelten Pausen mehr. Solange wir Mut und Lust hatten, marschierten wir nach Süden. Irgendwie hofften wir, eine günstige Stelle zum Westen zu finden. Jetzt hieß es nur, Zeit gewinnen. Es war der erste April 1945.

Diese Nacht war für uns besonders ruhig und erholsam. Gegen fünf Uhr waren wir wieder fit und suchten nach einer Waschgelegenheit, die wir jedoch erst zwei Stunden später an einem See fanden. Kein Mensch war zu sehen; man hätte glauben können, im tiefsten Frieden zu leben. Die Front, sofern es noch eine gab, mußte weit weg sein. Nichts war von Kanonendonner oder sonstigem Kampflärm zu hören. Wir wären sehr gern an dieser Stelle geblieben, aber das hätte uns im wahrsten Sinne des Wortes nicht weitergebracht.

Nach einer „großen Reinigung“ zogen wir weiter. Gegen Mittag wurde der Wald lichter, eine Straße führte aus dem Wald heraus. Am Waldrand stand ein größeres Haus. Zwischen dem Wald und diesem Haus befand sich ein langer Garten, in dem zwei kleine Kinder spielten. Aus dem Fenster im oberen Stock schaute eine Frau herunter.

Da wir unsere Essensvorräte verbraucht hatten, hofften wir, hier etwas zu bekommen. Vom Waldrand aus winkten wir der Frau solange zu, bis sie uns endlich bemerkte. Erschrocken winkte sie zurück und gab uns zu verstehen, daß wir im Wald bleiben sollten. Sie würde zu uns kommen. Es dauerte fast eine halbe Stunde. Die Frau ging langsam durch den Garten, sprach mit den Kindern, schaute immer wieder zum Haus zurück und huschte dann schnell durch das Gartentor zu uns. In dem Korb hatte die Frau für uns Sachen mitgebracht, die wir schon lange entbehrt hatten: Bratkartoffeln mit Ei, Milch und für unsere Reise gut belegte Butterbrote. Die Frau erzählte uns, in ihrem Haus bewohne seit zehn Tagen ein russischer Generalstab die untere Etage. Die Versorgung mit Lebensmitteln sei deshalb gut. Dafür müsse sie die Wäsche der Offiziere in Ordnung halten und gutes Essen zubereiten.

Die Frau zeigte uns im Garten zwei frische Gräber. In einem lag ihr vierzehnjähriger Bruder und in dem anderen ihr Großvater, die vor der Einquartierung der Offiziere von einer russischen Streife erschossen worden waren.

Wir bedankten uns sehr bei der Frau und gingen weiter nach Süden.

Die gute Stimmung über die positive Überraschung, die wir soeben erlebt hatten, wurde drei Stunden später wieder getrübt. Auf dem Waldweg, den wir entlangmarschierten, fanden wir einen Flüchtlingstreck, der einen fürchterlichen Anblick bot. Kein Mensch war zu sehen, die Wagen waren zerstört, die Pferde erschossen, alle Kisten aufgebrochen, und das Gepäck lag zerstreut und vernichtet herum. Von dort verschwanden wir schnell, aber wir dachten wohl beide das gleiche – nämlich an unsere Familien, von denen wir in diesem Jahr noch nichts gehört hatten.

In dieser Stimmung suchten wir unser Nachtlager und fanden einen alten Bunker, in welchem wir bis zum nächsten Morgen fest schliefen.

An einem kleinen Wassergraben wuschen wir uns notdürftig. Das Wetter war nicht so schön wie in den vergangenen Tagen. Nieselregen setzte ein, was uns auf die Stimmung schlug. Zum Mittagessen verzehrten wir die letzten Butterbrote des Vortages. Danach ging es wieder schweigend weiter.

Der Regen machte uns zu schaffen. Am Rücken und auf den Schultern wurde es naß und kalt. Schon am Nachmittag hielten wir nach einem Lager Ausschau, denn wir hatten keine Lust mehr, weiterzumarschieren. Hinzu kam die Tatsache, daß wir an einem Waldrand angelangt waren. Wir standen auf einem freien Feld und sahen in der Ferne einen Ort namens „Zantoch“, den wir aber erst in der Dunkelheit ansteuerten. Ohne jemanden zu sehen, erreichten wir den Ort.

Das erste kleinere Haus, an das wir uns heranwagten, war mit Eisenbahnschwellen eingezäunt. Weil im Hof nichts Verdächtiges zu erkennen war, drangen wir in das Haus ein. Wir fanden weder Zivilisten noch Soldaten. Trotzdem zogen wir es vor, unser Lager im angebauten Stall zu suchen, und zwar auf dem Heuboden.

Beim Tageslicht am Morgen darauf stellten wir fest: Wir befanden uns in einem relativ großen Ort, weit weg vom schützenden Wald. Ein Blick aus den Dachluken gab keinen Hinweis auf eine Besetzung. Doch entdeckten wir auf der einen Seite einen Laufgraben; dahinter vermuteten wir eine große Mulde, denn wir konnten nichts mehr erkennen.

Aus einem kleinen Giebelfenster beobachteten wir auf einmal einen Mann, der einen Acker pflügte. Wir waren überrascht. Hier im Kriegsgebiet eine Feldbestellung.

Wir mußten unbedingt die Umgebung erkunden. Ich ging in das Haus, fand eine alte Hose, eine alte Jacke und eine Schirmmütze, und schon war ich als Zivilist verkleidet. Humpelnd ging ich nun, mit den Augen das Gelände absuchend, zu diesem Mann auf dem Acker. Mit schußbereiter Pistole in der Jackentasche erreichte ich ihn und mußte nun seine Musterung über mich ergehen lassen. Er ließ sich nicht bei seiner Arbeit stören, und so gingen wir nebeneinander weiter.

Der Mann war etwa dreißig Jahre alt, und ich war erleichtert, als er mich endlich fragte: „Du bist ein Landser?" Ich bejahte und fragte ihn nun, wie es käme, daß er in seinem Alter hier wäre.

„Ich war auch Soldat, wie du, aber jetzt bin ich ein Krüppel. Lunge und Herz machen nicht mehr lange. Ich möchte nur noch das Kriegsende erleben."

Es war wie eine Ohrfeige. Ich kam gleich zur Sache und fragte ihn nach Ort, Feind und Möglichkeiten des Weiterkommens. Was ich hörte, war nicht ermutigend. Hinter dem Laufgraben war keine Mulde, wie wir vermutet hatten, sondern ein Tal, in dem die Warthe floß; also ein natürliches Hindernis. Die Boote waren alle eingesammelt und wurden bewacht. Schwimmen war in dieser Zeit unmöglich. Der einzige Weg führte über eine ständig bewachte und befahrene Brücke.

Der Mann fragte mich noch nach meinem Unterschlupf, und ich erzählte ihm von meinem Quartier und meinem Kameraden. Mit allen guten Wünschen verabschiedete er sich von mir und gab mir noch den Rat, bis zur Dunkelheit im Versteck zu bleiben, da das Dorf von Russen besetzt sei.

Auf dem Rückweg machte ich einen Abstecher zum Laufgraben. Ich wollte doch die Warthe und die Brücke sehen. Der Laufgraben mit einem Unterstand war leer und begann einzufallen. Gebückt ging ich den Graben entlang, bis ich einen kleinen Unterstand fand. Von hier konnte ich ungesehen das Tal beobachten. Auf dem Fluß war noch Treibeis, von Booten war nichts zu sehen. Ich entdeckte die Brücke und auf jeder Seite einen Posten. Eine Straße auf dieser Seite der Warthe führte in einer scharfen Kurve über die Brücke. Es herrschte reger Verkehr von Lastwagen, was mich auf einen Einfall brachte. Die Wagen mußten vor der Brücke wegen der scharfen Kurve recht langsam fahren. Man hätte lediglich zu warten, bis der Verkehr ruhiger wurde, dann auf einen Lastwagen zu springen und auf der anderen Seite wieder abzuspringen. Mit dieser Vorstellung ging ich zu unserem Versteck zurück.

Willi war von meinem Plan nicht gerade begeistert, denn es bestand immerhin das Risiko, daß auf dem Fahrzeug russische Soldaten waren. Wir entschlossen uns trotzdem, diesen Plan auszuführen. Entweder es klappte, oder wir waren am Ende.

Wir hatten es uns wieder auf dem Heuboden bequem gemacht und genossen die Wärme des trockenen Heus. Nach elf Uhr hörten wir Stimmen im Hof. Die Stalltür wurde geöffnet, und nun konnten wir deutsche Worte verstehen. Eine Frau sagte: „Wenn wir das Heu herunter haben, können wir die Bretter und Stangen auch noch mitnehmen.“ Wir merkten natürlich, worum es ging; man wollte das Heu abtragen. Ich ging zur Luke und rief die Frau an. Der Schreck fuhr ihr in die Glieder, als ich ihr erklärte, daß hier oben deutsche Soldaten seien und sie das Heu doch erst morgen holen solle. Natürlich waren sie damit sofort einverstanden, und die Frau bat uns, unbedingt auf dem Boden zu bleiben, weil hier überall Russen seien. Eine halbe Stunde später war die Frau abermals da, rief uns leise an und hatte zu unserer Freude einen Korb mit Essen für uns. Den Korb sollten wir stehenlassen, den wollte sie am nächsten Tag abholen. Die hilfreiche Frau hatte uns Eier, Schmalzschnitten und Milch gebracht, was für uns ein Festessen war. Satt und zufrieden legten wir uns ins Heu und wollten so die Dunkelheit abwarten, um dann, hoffentlich mit etwas Glück, auf einem russischen LKW die Warthe zu überqueren.

Die Gefangennahme

Nach vierzehn Uhr hörten wir erneut Stimmen. Sie waren etwas lauter. Wir erschraken, als wir feststellten, daß es russische Soldaten waren. Was sollten wir tun? Das Heu hatten wir über uns gedeckt und nur soviel frei gelassen, daß wir noch durchsehen konnten. Wir hörten im Haus dumpfes Poltern und hofften, daß der Stall für die Russen uninteressant sein würde. Wir hatten uns getäuscht!

Nach einiger Zeit kam ein Soldat in den Stall und hantierte fluchend herum. Wahrscheinlich suchte er die Leiter, die bei uns oben war, um auf den Boden zu kommen. Wir hörten, daß der Russe irgendwelche Gegenstände aufstapelte. Also wollte er zu uns herauf, und gleich darauf sahen wir durch unseren Heudurchblick, wie eine Maschinenpistole heraufgereicht wurde. Es folgte ein Kopf, und mit einem leisen Fluch schob sich der Rest des Russen auf den Boden. Daß er hier keine Soldaten vermutete, wurde offensichtlich, als er seine Maschinenpistole einfach am Lukenrand liegenließ. Nun ging die Schatzsuche los. Mit beiden Armen wühlte er im Heu und suchte wohl nach versteckten Kisten oder sonstigen Sachen.

Ich war furchtbar aufgeregt, denn der Russe kam immer näher an Willi heran, und nach zwei Metern war es soweit. Willi sprang auf und richtete seine Pistole auf den Russen. Dieser sprang seinerseits auf und hob seine Hände so hoch wie möglich. Ich rief sofort, Willi solle seine Pistole wegwerfen, es hätte ja doch keinen Zweck, weil die anderen dort unten unser sicheres Ende wären. Während Willi und ich die Pistolen schnell ins Heu warfen, ging der Russe mit erhobenen Händen rückwärts bis zur Luke. Er nahm rasch seine Maschinenpistole, hob sie in Anschlag auf uns und rief dann nach seinen Kameraden. Schnell und laut durcheinanderredend kamen sie in den Stall, während wir vom Boden herunterstiegen.

Von Stößen und Flüchen begleitet, die Hände über dem Kopf, stolperten wir auf den Hof. Wir mußten uns sofort ausziehen. Nackt und barfuß mußten wir zu einer Ecke im Hof gehen, wo ein Dunghaufen lag. Diese fünfzehn Meter bis dorthin empfanden wir als Weg zum Schafott. Wir spürten nicht die herrschende Kälte, denn unsere Gedanken waren auf einen Feuerstoß ausgerichtet, den wir erwarteten. Kurz vor dem Dunghaufen sagte ich zu Willi: „Wenn sie uns erschießen wollten, könnten sie es auch von vorn tun!" Wir drehten uns um und stellten fest, daß keiner der Soldaten mehr die Maschinenpistole auf uns gerichtet hatte. Sie wühlten in unseren Sachen herum und versuchten, etwas Brauchbares zu ergattern. Von irgendwoher hatte ich einen Totschläger mitgenommen, eine Bleikugel in Leder genäht, an einem federnden Griff. Die Russen winkten uns zu sich, und ich hatte Mühe, ihnen zu erklären, was dieser Totschläger sei. Mit Zeichensprache konnte ich endlich glaubhaft machen, daß das Ding dem Schlachten von Schweinen diene. Wir durften uns wieder anziehen, aber unsere Pullover und warme Oberbekleidung behielten die Soldaten.

Auf dem Weg vor dem Hof standen drei Pferdewagen, beladen mit Kisten, Kartoffeln und sonstigen „organisierten" Sachen. Auf jeden Wagen stiegen nun zwei Soldaten, und wir mußten auf den vorderen Wagen steigen. Dann ging es im „Zuckeltrab" entlang der Warthe bis zum nächsten Ort, er hieß „Zechow", wie wir sehr viel später erfahren sollten. Sofort waren wir von vielen Soldaten umringt und mit unseren unmittelbaren Gegnern, einer T34-Panzer-Einheit, konfrontiert.

Die Kragenspiegel unserer Uniformjacken trugen noch die beiden Totenköpfe, und sofort hieß es: „SS ... SS ...".

Die ersten Soldaten kamen mit einer Maschinenpistole

auf uns zu, die uns in Todesangst versetzte. Unsere Kehlen waren wie zugeschnürt. Es war unser Glück, daß wir im Kreis dieser Soldaten standen, denn keiner konnte schießen, ohne einen seiner Kameraden zu treffen.

Plötzlich fiel ein Schuß. Alle sahen in die Richtung, aus der der Schuß gefallen war. Wir erkannten einen Mann, der mit einer Pistole in der Hand auf unsere Gruppe zulief. An der Reaktion der Soldaten merkten wir, daß es der Kommandant dieser Einheit war, ein großer, pockennarbiger Mann, der uns dann mitnahm und in eine Wellblechgarage sperrte.

Was würde man weiter mit uns anstellen? fragten wir uns. Zuerst einmal entfernten wir die Abzeichen von unseren Uniformen und verscharrten sie in einer Ecke der Garage. Nach kurzer Zeit kam ein Soldat und fragte in deutscher Sprache: „Wer hat Eiserne Kreuz erste Klasse?“ Damit war ich gemeint; und ich mußte mitkommen. Er brachte mich zu dem Kommandanten, welcher jetzt auch seine Uniform trug, die ihn als „Kapitano“ (Hauptmann) auswies. Die erste Frage bezog sich auf die Totenköpfe auf unseren Kragenspiegeln. Es dauerte lange, bis der Unterschied zwischen einer Panzer- und einer SS-Uniform klargestellt war. Danach ging es um unsere Einheit, wofür die Auszeichnungen waren, um unsere Einsatzorte und so weiter. Dieser pockennarbige Kapitano war sehr sympathisch; er ließ uns Zigaretten drehen, und ich bekam eine Schüssel mit warmer, herrlich schmeckender Suppe und wurde dann wieder in die Garage gesperrt.

Nach einiger Zeit kam abermals der Dolmetscher mit einem Soldaten zu uns und erklärte, daß wir in ein Lager gebracht würden, in dem schon viele Kameraden wären. Für uns sei der Krieg nun zu Ende, und wir könnten bald nach Hause. Es war der vierte April 1945. Wir waren einen ganzen Monat auf der Flucht gewesen und erwarteten mit Spannung, wie es weitergehen würde.

Nach etwa acht Kilometern kamen wir an einen Stadtrand und lasen auf dem Ortsschild, daß wir in Landsberg an der Warthe waren. Bald hatten wir das Lager erreicht. Dort nahm uns ein deutscher Feldwebel in Empfang und wies uns in eine Baracke ein.

Es war erschütternd, was wir hier sehen und hören mußten. Rund dreizehntausend deutsche Soldaten lebten hier, und es kamen immer mehr dazu. Einmal täglich gab es eine Suppe und eine Scheibe Brot, und jeden Tag marschierte eine lange Kolonne aus dem Lager heraus; es hieß, die Soldaten würden in andere Lager verlegt. Es gab viele Kranke und Verwundete, die von deutschen Ärzten versorgt wurden. Von Zeit zu Zeit fuhren Pferdewagen durch das Lager, beladen mit in Zeltplanen gehüllten Soldaten, die hier an ihren Verwundungen oder Krankheiten gestorben waren.

Nach vier Tagen mußten in unserer Ecke mehrere Baracken geräumt werden. Wir hatten in einer Fünferreihe anzutreten, und dann ging es ab – in Richtung Stadt. Also waren wir für einen Verlegungstransport aus dem Lager geholt worden. Der Bahnhof war total abgeriegelt, und ein langer Güterzug mit offenen Waggons stand auf einem Abstellgleis. In aller Eile mußten wir, stets zu einhundert Mann, auf die Waggons klettern, und in jedem Bremserhäuschen, das auf einigen Waggons war, postierte sich ein Soldat als Bewachung. Bald darauf setzte sich der Zug in Bewegung. Über unser Ziel wußte keiner etwas. Mit der Geschwindigkeit des Zuges nahm auch die Kälte zu, und wir kauerten uns, so gut es ging, dicht zusammen.

Es wurde dunkel, und der Zug fuhr mal langsam, mal schneller in wechselnde Richtungen. Ab und zu gab ein Soldat aus einem Bremserhäuschen ein paar Schüsse in die Luft ab, wahrscheinlich, um uns niederzuhalten, was wir wegen der Kälte ohnehin taten. Die Fahrt dauerte bis in die frühen Morgenstunden. Wir stellten fest, daß wir uns immer noch auf deutschem Gebiet befanden, was uns allen wieder Hoffnung gab.

In den Vormittagsstunden erreichten wir unser Ziel und waren überrascht, als wir in den Bahnhof fuhren. Obwohl dieser sehr zerschossen war, konnten wir den Namen „Schneidemühl" entziffern. Welchen Weg hatte unser Zug genommen? Schneidemühl war doch gar nicht weit von Landsberg entfernt! Es werden wohl viele Strecken zerstört gewesen sein, so daß der Zug zu erheblichen Umwegen gezwungen war, dachten wir.

Um die Mittagszeit mußten wir von den Waggons heruntersteigen und uns zu Fünferreihen gruppieren. Ich gelangte in eine Außenreihe, und der Zug setzte sich wieder in Bewegung. Wir wurden stark bewacht: alle drei Meter ein Soldat mit einer Maschinenpistole; so ging es ins Innere der Stadt.

Schon nach kurzem Marsch spürten wir die Gesinnung der Bevölkerung. Es wurde ein Spießrutenlaufen. Mein Pech, daß ich im Außenglied marschierte, wo ich so manchem Stoß und Steinwurf ausgesetzt war. Man beschimpfte uns und spuckte uns an, bis wir endlich in einer halbzerschossenen Kaserne anlangten. Jeder suchte sich eine trokkene Stelle als Lager und erhielt später eine dicke Scheibe Brot, was natürlich niemanden sättigte.

Schon am Tag darauf wurden wir in Arbeitskolonnen eingeteilt. Willi und ich hatten Glück und kamen in ein gutbestücktes deutsches Armee-Versorgungslager. Hier mußten wir Holzkisten herstellen, sie mit den verschiedensten Sachen füllen und versandbereit vernageln. Es war uns gestattet, alle Gegenstände zu gebrauchen, aber nicht mitzunehmen. So tranken wir guten Eierlebertran, aßen viel Keks, Vitamintabletten und versorgten unsere Haut mit Creme.

Ein russischer Soldat, der uns beim Eincremen des Gesichts zusah, nahm eine Riechprobe und kopierte unser Verhalten. Ein anderer Soldat, der dies beobachtete, wollte es seinem Kameraden gleichtun. Auch er roch zunächst einmal an der Masse, die er nicht kannte, und begann sie eifrig in seinem Gesicht zu verteilen. Da er jedoch in die Kiste mit Zahnpasta gegriffen hatte, blieb die Wirkung der Creme offensichtlich unter seinen Erwartungen. Wir hatten die größte Mühe, nicht laut loszulachen; doch das hätte der Posten uns in gefährlicher Weise übelgenommen. Als seine „Gesichtscreme" immer unangenehmer wurde, kam er auf uns zu und ließ sich erklären, was für eine Art von Creme es sei. Gestikulierend machten wir ihm klar, daß es sich um Zahnpasta handelte, und er ging fluchend weg. Nach einiger Zeit kam er dann doch wieder und fragte uns nach einer guten Gesichtscreme, die wir ihm auch zeigten.

Mit dieser Art von Arbeit waren wir ganz zufrieden, und vor allen Dingen waren wir immer satt.

In einer anderen Abteilung dieses Lagers passierte aber ein böser Zwischenfall. Ein Kamerad, der mit dem Verladen von Trockenkartoffeln betraut war, aß, ohne zu bedenken, daß diese sehr aufquellen, so viel davon, daß er in der darauffolgenden Nacht qualvoll starb. Dieser Vorfall war dann der Anlaß dafür, daß es uns untersagt wurde, von den Sachen zu essen.

Wir taten es doch, aber heimlich; wurde man erwischt, gab es Kolbenhiebe.

So ging die erste Woche vorüber. Jeden Morgen Appell in Zehnerreihen und anschließend Einteilung in einzelne Arbeitskommandos. Die Kameraden der Stadtkommandos klagten über die Verachtung der polnischen Zivilisten. Manch ein Kamerad mußte mit Beulen und Wunden, hervorgerufen durch Steinwürfe, den Lagerarzt aufsuchen. Die russischen Bewachungsposten waren mehr mit dem Schutz vor den Polen als mit unserer Bewachung beschäftigt.

Der Abtransport

Etwa am zwölften Tag unseres Aufenthalts mußten wir eines Morgens in der Nähe der Kaserne auf einem großen freien Platz aufmarschieren. Jeder mußte all seine Sachen mitnehmen. Im Abstand von drei Metern nach vorn und zu den Seiten stellten wir uns auf. Dann begannen russische Offiziere mit einer Gepäck- und Leibesvisite; mit anderen Worten: Wir wurden gründlich gefilzt. Wir hatten ja nicht mehr viel zu verbergen, aber die „organisierte" Hautcreme sowie Vitamintabletten wanderten auf einen großen Haufen. Anschließend marschierten wir zum Bahnhof. Auffallend war, daß wir außergewöhnlich stark bewacht waren und das Bahngelände völlig abgeriegelt war. Dann sahen wir den Güterzug, diesmal waren es geschlossene Waggons. Fast im Laufschritt mußten wir zu fünfzig Mann je Waggon auf die Verladerampe. Beim Einsteigen wurden wir nochmals gezählt. Dann durfte keiner mehr die Waggontür öffnen. Sie wurde erst nach einer Stunde geöffnet, und man reichte uns ein paar Brote, eine Kanne Tee und einige Becher herein. Danach wurde die Tür zugeschoben und von außen verriegelt.

Erst am späten Nachmittag setzte sich der Zug in Bewegung. Vorweg gesagt – es war eine grausame Reise. Niemand kannte das Ziel, die Notdurft mußte über eine Holzrinne, die in der Ecke des Waggons nach draußen führte, verrichtet werden, und an Schlaf war nicht zu denken. Abwechselnd setzte man sich an die Wand, so daß man sitzend eine Weile ruhen konnte. Es war so kalt, daß ein paar Kameraden schon am nächsten Morgen am Ende ihrer Kräfte waren. Einmal täglich wurde uns warmer Tee und Brot hereingereicht, was uns etwas aufmunterte. Doch dies war nur von kurzer Dauer. Die Luken an den Seiten waren ständig offen, trotzdem wurde der Gestank immer unerträglicher.

Bereits am ersten Tag bemerkte ich, wie zwei Kameraden die feuchten Teeblätter aus der Kanne holten und sie auf der Hand trockneten. Den getrockneten Tee drehten sie in ein Stück Papier, und eine Zigarette war fertig. Am Tag darauf durfte ich auch ein paar Züge von solch einer Zigarette machen, denn zu der Zeit war ich noch aktiver Raucher. Die narkotisierende Wirkung ließ mich alles wie durch einen Schleier erkennen, und im Kopf empfand ich ein heftiges Rauschen. Ich hatte kein weiteres Verlangen nach derartigen Zigaretten.

Am Stand der Sonne hatten wir längst herausgefunden, daß unsere Fahrt fast nur nach Osten ging. Nach drei Tagen, am 25. April 1945, waren wir endlich am Ziel. Der Zug fuhr langsamer, bis er schließlich stehenblieb. Durch unsere Luken stellten wir fest, daß es ein größerer Ort war. Es blieb zunächst alles geschlossen, nur laute Kommandos und Rufe waren zu hören, bis schließlich ein ganzer Trupp Soldaten anmarschierte, unsere Bewachung, die uns in ein Lager bringen sollte.

Die Waggons wurden nacheinander geöffnet, und wieder mußten wir uns zu Fünferreihen aufstellen. Wir setzten uns in Richtung Stadt in Bewegung bis zu einem Barackenlager. Die Menschen an den Wegen blieben stehen, aber hier gab es keine Beschimpfungen oder gar Steinwürfe. An den Mienen erkannte man eher ein gewisses Mitleid.

Vor dem Lagertor gab es einen Stop. Abermals wurden wir visitiert; hier nahm man uns unsere Soldbücher ab. Ich hatte noch ein paar Fotos von meiner Mutter und meiner Schwester in meinem Soldbuch. Der Soldat fragte, wer das auf den Fotos sei, um sie dann mit einem höhnischen Lächeln zu zerreißen. Ich habe mich später oft gefragt, wie man in einer solchen Situation so ruhig bleiben kann wie ich seinerzeit, obwohl ich vor Rachegelüsten kochte. Es waren widersprüchliche Gefühle, eine Mischung aus nackter Furcht und Überlebensinstinkt, so daß ich nach außen ruhig blieb.

Von nun an waren wir schlichte „Nummern“, unter denen wir am Lagertor registriert wurden. Die Baracken waren in einem guten Zustand. Es gab genügend Pritschen, so daß jeder seine eigene Schlafstelle hatte. Nach unserer Ankunft geschah vorerst nichts, und wir schliefen auf unseren Pritschen bald ein.

Am Morgen war jeder früh wach und wartete auf die Dinge, die kommen sollten; aber vorläufig geschah nichts. Gegen Mittag kam ein Wagen, der uns eine warme Suppe und je eine Scheibe Brot brachte. Nach dem Essen mußten wir antreten. Mehrere Offiziere und ein Dolmetscher erschienen. Durch ihn erfuhren wir, daß wir in Brjansk in der Ukraine waren. Der Lagerkommandant und ein Politoffizier ließen weiter übersetzen, daß wir Rußland zerstört hätten und nun auch wieder aufbauen müßten, aber der Krieg wäre ja bald vorbei, und dann kämen wir nach Hause.

Die Rede hörte sich gut an, aber Hoffnung auf eine baldige Heimfahrt hatte wohl niemand.

In der Folgezeit kam jeden Tag der Wagen mit einer warmen Suppe und der Scheibe Brot. Nur die Hälfte der Gefangenen mußte arbeiten. Ich gehörte leider zu denjenigen, die nicht arbeiteten. Nur einmal durften mein Kamerad und ich aus dem Lager, um Weiden zu holen. Sie wurden im Lager geschält und zu wunderbaren Körben verarbeitet.

Für mich war es eine unruhige Zeit, denn wir waren völlig desorientiert und mußten auch noch hungern.

Endlich ein aufregender Tag, der 8. Mai 1945. Wir hörten viele Schüsse und blieben zuerst einmal in unseren Baracken, bis der Politoffizier mit ein paar Soldaten und dem Dolmetscher zu uns kam und erklärte: „Woina kaputt" („Krieg zu Ende"), „Skoro damoi" („Bald nach Hause"). Es war Musik in unseren Ohren, aber der Glaube fehlte.

Das erste Arbeitslager

Nach einer langweiligen Woche mußten wir wieder alle antreten, um selektiert zu werden. Etwa die Hälfte des Lagers marschierte mit allen Habseligkeiten zum Bahnhof. Willi und ich, die wir stets beieinander waren, gehörten dazu. Es konnte nicht weit sein, dachten wir, denn der Zug bestand lediglich aus flachen Rungenwagen. Nach drei Stunden Fahrt durch sumpfigen Wald waren wir am Ziel. Zwölf kleine Häuser und ein Sägewerk gehörten zu dem Ort. Hinzu kam ein Lager mit drei Erdbunkern und einer Baracke.

Also wieder Antreten und ab. Der Einzug in das Lager war niederschmetternd. An dem zweiten Erdbunker lagen vier tote Menschen, mit alten Mänteln zugedeckt. Die graue Hautfarbe ließ darauf schließen, daß sie schon längere Zeit tot waren.

Unsere erste Arbeit war also, die vier Leichen zu beerdigen.

Auch die Erdbunker waren in einem verwahrlosten Zustand. Der erste Tag war nur mit Aufräumarbeiten ausgefüllt. Ein deutscher Feldwebel wurde zum Lagerkommandanten bestimmt. Ihm stand ein Dolmetscher zur Seite, von dem niemand erfuhr, woher er stammte. Er selbst sagte, er komme aus Oberschlesien, aber sein Russisch war besser als sein Deutsch. Bald war er der verachtetste Mann im Lager. Ohne einen Eichenstock sah man ihn fast nie.

Beim Antreten am Morgen erfuhren wir, daß in dem Lager gefangene Jugoslawen gelebt hatten, die nun in ihre Heimat entlassen worden waren. Ihre toten Kameraden hatten sie nicht mehr beerdigt.

Die folgenden Tage waren weiter ausgefüllt mit Aufräumungs- und Säuberungsarbeiten. Danach wurden wir in Arbeitsbrigaden eingeteilt. Willi und ich wurden einer Transportbrigade zugeteilt. Der Älteste, Erich Tegtmeier, war unser Brigadier. Außer ihm waren wir sieben junge Kameraden. Einer erzählte uns, er käme aus einer Zirkusfamilie. Dieser Zirkus war keinem von uns bekannt; bei jeder Gelegenheit zeigte der Kamerad uns seine Trapezkünste. Überall, wo er einen schmalen Mauersims sah, balancierte er. Am liebsten jedoch zeigte er uns seine Kunst an gespannten Seilen, von denen es im Sägewerk mehrere gab. Wegen der Unfallgefahr wurde es ihm bald verboten. Aber er hatte uns jedenfalls bewiesen, daß er ein Trapezkünstler war.

Unsere Brigade hatte die Aufgabe, im Sägewerk Material zu transportieren, was uns gefiel. Der größte Teil der Gefangenen arbeitete natürlich im Sägewerk. Die Baumstämme wurden auf dem Fluß Desna, etwa so groß wie die Mittelelbe, mit Flößen herangeführt.

Da die Erdbunker im Lager nicht mehr viel als Unterkunft taugten, bauten wir zuerst einmal eine große Baracke. Unsere Aufgabe als Transportbrigade war es, die Baumaterialien ins Lager zu schaffen.

Das Hauptproblem für uns war aber die schlechte Verpflegung. Weil wir zu wenig Brot hatten und die Suppe zu dünn war, waren wir darauf angewiesen, uns zusätzliche Verpflegung zu besorgen. Unsere Brigade arbeitete ohne Bewachung, so daß wir ab und zu etwas Brot oder Kartoffeln von der Zivilbevölkerung erbetteln konnten. Dabei lernten wir den wahren russischen Menschen kennen. Von den Älteren hörten wir oft, daß es in der Zarenzeit besser gewesen sei; vom Kommunismus hielten sie nicht viel. All das hörten wir aber erst, als wir das Vertrauen dieser Menschen gewonnen hatten.

Auf der Suche nach Zusatzverpflegung wurde bei unseren Transportfahrten natürlich jedes Feld unter die Lupe genommen; aber für Kartoffeln war es noch zu früh, und etwas anderes stand bei unserer Tour nicht am Weg.

Eines Sonntags im Juni wurden Freiwillige gesucht, die auf einer Kolchose Disteln vernichten sollten. Alle hofften auf ein Zusatzessen; ich meldete mich auch. Der LKW mit etwa dreißig Mann fuhr los, und bald waren wir auf dem Feld, wo viele Disteln im Getreide standen. Jeder bekam ein Paar Lederhandschuhe, und wir durchkämmten im Abstand von zwei Metern das Feld.

Der Tag wurde heiß – kein Wölkchen am Himmel und nichts zu trinken. Es dauerte noch länger als vorgesehen, und erst gegen drei Uhr konnten wir den LKW zur Heimfahrt besteigen. Im Lager angekommen, ging es sofort in den Eßraum. Ich habe mich noch nie in den Vordergrund drängen können, und so stand ich auch diesmal fast am Ende der Gruppe, die auf den Essenempfang wartete. Es gab Bohneneintopf, und wie zu sehen war, recht nahrhaft, mit vielen Bohnen. Jeder war erfreut, einmal eine dicke Suppe zu erwischen. Wir waren noch acht Mann, als der Koch zur Luke herausschaute, um zu sehen, wie viele Männer davorstanden. Danach schüttete er einen Eimer heißes Wasser in die Suppe, und für uns acht gab es eine flaue Wassersuppe. Ich selbst hatte nicht eine Bohne in meiner Schüssel, und das an meinem Geburtstag!

Auf der Suche nach zusätzlicher Verpflegung hatten ein paar Kameraden am Fluß Kalmuswurzeln gefunden, in Scheiben geschnitten und am Heizkessel geröstet. Sie sollten gut schmecken. Ich habe es nie erfahren, denn ein anderer Kamerad, der es ihnen gleichtun wollte, hatte gegen Mitternacht sehr ähnlich aussehende Seerosenwurzeln geröstet und gegessen und war am darauffolgenden Morgen tot.

Die Baracken waren fertig, und wir zogen ein. Es war doch schöner, nicht mehr so muffig und dunkel wie in den Erdbunkern, und wir hatten alle mehr Platz.

Die Zeit der ersten Kartoffeln kam heran. Immer öfter kochten einige Kameraden frische Kartoffeln. Da unsere Transporttruppe häufig sonntags arbeiten mußte und das Lager ohne Bewachung verlassen konnte, entschlossen wir uns, einen Sonntag angeblich zur Arbeit zu gehen, aber in Wirklichkeit nach Kartoffeln zu suchen. Der Wachhabende am Tor hatte uns zwar nicht auf der Arbeitsliste, aber wir waren ihm gut bekannt, und so konnten wir aus dem Lager.

Der Weg führte zunächst zum Sägewerk, von dort zu einem großen Kartoffelfeld und weiter bis in den Wald. Von hier aus beobachteten wir den patrouillierenden Wächter des Feldes, bis er am anderen Ende, hinter einer Krümmung, angekommen war. Schnell liefen vier Kameraden zum Feld und buddelten mit den Händen die besten Kartoffeln aus. Zwei Kameraden blieben am Waldrand zur Beobachtung, und die anderen sammelten die Beute rasch in einen mitgebrachten Beutel. In kurzer Zeit waren auch die Spuren verwischt, und wir zogen weiter in den Wald. Trokkenes Holz war geschwind zusammengesucht; nur Wasser zum Kochen mußten wir noch finden. Das besorgten zwei Kameraden. Wir wuschen die Kartoffeln, und dann wurde nochmals Wasser geholt.

Inzwischen hatten wir mit einer Lunte und einem Feuerstein ein Feuer entfacht, und es ging los. Wir saßen um die Kochstelle und freuten uns auf die frischen Pellkartoffeln. Gerade kochte das Wasser, da traten plötzlich zwei uniformierte Soldaten zu uns. Alle sprangen auf und liefen davon. Die Soldaten riefen und lachten, aber keiner von uns blieb stehen.

Nach geraumer Zeit trafen wir uns in der Nähe des Sägewerks, aber einer fehlte. Wir warteten bis fünf Uhr nachmittags, doch dann mußten wir ins Lager. Mit Angst und Bangen überlegten wir: Was sollten wir dem Wachhabenden bezüglich des fehlenden Kameraden sagen?

Als wir kurz vor dem Lager waren, kam der Wachhabende heraus, drohte mit der Faust, und hinter ihm stand der Vermißte. Unter Schimpfen, von Faustschlägen begleitet, gingen wir ins Lager, durften jedoch nicht in die Baracke. Alle Gefangenen mußten auf dem Appellplatz antreten. Es wurde ein tiefes Loch ausgehoben, und wir mußten hervortreten. Das Gericht begann. Eine halbe Stunde dauerte die Ansprache des Politoffiziers, der von Betrug hinsichtlich unserer Arbeit und von Diebstahl am Volkseigentum redete. Dann das Urteil: Der Brigadier sollte bis zum nächsten Morgen in dem Loch bis zum Hals eingegraben bleiben, und wir anderen sollten eine Woche in den Karzer. Das war ein kleiner Erdbunker, etwa zwei Meter im Quadrat. Der Boden war nicht ausgelegt, und das Dach hatte fünf Zentimeter breite Fugen zwischen den Brettern. Es hieß also, am Tag arbeiten und am Abend um acht Uhr in den Karzer bis früh um sechs.

Nach der Verkündung des Urteils ging ein großes Murren und Raunen durch das Lager. Die Offiziere traten erschrokken zurück, und der Dolmetscher begann zu fluchen. Das hätte er nicht tun sollen, denn auf einmal flogen allerlei Gegenstände auf ihn zu, und er suchte schnell Zuflucht bei den Offizieren. Der deutsche Lagerführer und der Arzt traten dann zu den Offizieren und erklärten ihnen, daß der Mann bei einer Eingrabung bis zum Hals in einigen Stunden nicht mehr am Leben sein werde. Das sah man ein, und so mußten wir ab sofort mit acht Mann in den Karzer. Um acht Uhr sperrte der Wachhabende uns ein und schob von außen den Riegel vor.

Bei Einbruch der Dunkelheit kam ein Gefangener, der schon einmal drin gesessen hatte, vorbei und warnte uns vor einem „Wassereinbruch“. Wir verstanden seine Warnung nicht, wurden aber bald aufgeklärt. Um zweiundzwanzig Uhr kam ein Mann mit einer Kanne auf unseren

Bunker zu und leerte von der Seite her die Kanne über uns aus. So gut es ging, wichen wir dem Wassereinbruch aus, aber hinsetzen konnte sich keiner mehr. Ab und zu war ein leises Fluchen zu vernehmen; aber sonst keine Äußerung. Dann kam ein Schutzengel in Form eines Kameraden, der den Riegel von außen aufschob und uns herausließ. Schnell verschwanden wir in unsere Baracken. Wir verabredeten, daß derjenige, der als erster wach würde, alle anderen weckte, damit wir uns wieder einsperren lassen konnten. Es klappte gut. Von einem Kameraden, der gerade vorbeiging, ließen wir den Riegel zuschieben, und um sechs Uhr kam der Wachhabende und ließ uns wieder heraus. So ging es die ganze Woche lang, und die Russen wunderten sich wohl, daß wir das so gut überstanden.

Aber unsere Brigade wurde aufgelöst, und jeder von uns bekam eine andere Arbeit. Ich meldete mich als Elektriker in der Elektrowerkstatt des Sägewerks. Ein russischer Meister und zwei junge Burschen waren dort als Betriebselektriker tätig. Ich war erstaunt und freudig überrascht, als der Meister mich fragte: „Wie heißt du?" Er war sehr stolz auf sein Deutsch und erzählte, daß er in einer deutschen Einheit als Helfer in der Küche gearbeitet hatte. Den jungen Burschen gab er Anweisung, mich als Kameraden zu behandeln; so wurden wir ein gutes Team.

Was nicht nur mich, sondern jeden von uns bedrückte, war die Ungewißheit über die Angehörigen und die Heimat, denn es ging keine Post durch.

Zu den Dorfbewohnern hatten wir ein gutes Verhältnis, und so manches Mal gab es einen Apfel, eine Gurke oder Gemüse aus ihren Gärten.

Ich hatte mit meiner Arbeit als Elektriker einen guten Fang gemacht, denn bald war ich überall bekannt; wo das Licht ausfiel, wurde ich geholt. Dabei gab es natürlich Zusatzverpflegung. Nicht selten kam es vor, daß einer unserer

Offiziere seine Energierechnung an das Kombinat nicht bezahlt hatte. Dann wurde dem säumigen Zahler ein Stück seiner Zuleitung herausgeschnitten, und ich war eben derjenige, der ihm wieder Licht herbeizauberte. Für mich war diese Aufgabe eine gute Einnahmequelle, und ich wurde nach kurzer Zeit eine Vertrauensperson, die jederzeit das Wachtor passieren durfte.

Im Sägewerk hatte man auch ein Materialmagazin eingerichtet, in dem ein Gefangener als Verwalter tätig war. Doch dieser hatte sehr bald die Sympathien der anderen Kameraden verloren, denn zu den russischen Arbeitern war er bei der Ausgabe von Material und Geräten sehr freundlich und gab ihnen auch die besten Sachen, aber die eigenen Kameraden ließ er provokativ lange warten, gab ihnen schlechtes Arbeitsgerät und stritt sich mit ihnen herum.

Seit längerem gab es einen Dieb unter uns, der anderen Kameraden Brot stahl. Man stellte ihm eine Falle, indem man ein Brot kennzeichnete. Unser unbeliebter Magaziner, ein starker Raucher, fiel dann bei dem Versuch auf, dieses präparierte Brot gegen Tabak einzutauschen. Sofort wurde er ins Lager gebracht und der Lagerkommandant verständigt. Dieser überließ die Bestrafung des Diebes uns allen. Nach dem Abendessen versammelten wir uns auf dem Appellplatz. Wir stellten einen Tisch in die Mitte des Platzes, holten den Dieb aus dem Karzer und zwangen ihn, sich daraufzustellen. Wir begannen über die Verwerflichkeit seines Handelns zu sprechen und machten Vorschläge für seine Bestrafung. Außer dem Lagerführer hatte nur der Dieb das Privileg, die Haare wachsen lassen zu dürfen. Also wurde ihm auf der Stelle, vor aller Augen, eine Glatze geschnitten. Außerdem durfte er nur noch zur Übergabe des Magazins seine alte Arbeitsstelle betreten und bekam von nun an eine der schwersten Arbeiten im Sägewerk zugeteilt. Schließlich mußte er zwei Wochen lang auf dem Rücken ein Schild mit der Aufschrift tragen: „Ich bin ein Dieb!“

Dies war das erste Gericht dieser Art, aber es gab noch mehrmals Bestrafungen von Kameradendiebstahl. Nur setzte die Bestrafung immer sofort, an Ort und Stelle, ein. In einem Fall sind einem Gefangenen beide Tränensäcke zerschlagen worden, was unserem deutschen Lagerarzt sehr mißfiel, denn er meinte, dies wäre eine Zeichnung für das ganze Leben.

Von Zeit zu Zeit kam eine Zugmaschine mit mehreren Waggons in das kleine Dorf. Dann hieß es stets: entladen. Die Güter waren entweder für das Sägewerk, für das Materiallager des Dorfes oder für unser Lager bestimmt: Lebensmittel und Bekleidung, für das Dorfmagazin auch Maschinen und Baumaterial, was immer sehr interessant war. So fand ich bei einer Maschinensendung, die aus Berlin kam, ein halbes Weißbrot, steinhart, aber sauber. Ich wusch es und wickelte es in ein angefeuchtetes Tuch, so daß es nach einiger Zeit eßbar war.

Bei einer anderen Sendung für das Dorf befand sich ein Waggon mit 200-Liter-Fässern ohne Beschriftung. Schon war unsere Neugier entfacht. Aus der Elektrowerkstatt holte ich Hammer und Meißel, um damit ein Loch in eines der mysteriösen Fässer zu schlagen. Heraus kam eine feste, helle Masse, die wir bald als Stearin identifizierten. Der Elektromeister rollte ein Faß in die Werkstatt, und es wurden Rohre in zwanzig Zentimeter Länge geschnitten. Damit war der Anfang einer Kerzengießerei gemacht. An ein Ende des Rohres kam ein Stopfen mit einem Loch in der Mitte. Durch dieses Loch wurde ein Baumwollfaden gezogen, welcher anschließend oben um einen Nagel gewickelt wurde. Das Stearin wurde flüssig in die Rohre gegossen und bis zum Erkalten immer noch nachgegossen. Die Rohre mußten noch einmal kurz angewärmt werden, und schon konnte man die fertigen Kerzen herausnehmen; sie brannten wunderbar. Aber davon hatte ich persönlich ja nichts.

Also informierte ich noch einen Kameraden aus meiner alten Brigade, um eines dieser Fässer zu verstecken. In der Werkstatt fertigte ich Rohre verschiedener Kaliber, und so gossen wir jeden Abend im Lager Kerzen. Bald hatten wir unseren festen Kundenstamm. Leider war dieser Nebenverdienst nach etwa drei Monaten zu Ende. Unser Rohstoff ging aus, und die Fässer schafften wir beiseite. Ihr Verschwinden war niemand aufgefallen.

Meine Arbeit als Elektriker wurde zur Schwerstarbeit. Es galt, eine neue Freileitung zu neu errichteten Häusern fertigzustellen. Die Leitungsmasten wurden von einer Kolonne aufgestellt, und wir mußten die Freileitung montieren. Das hieß, den ganzen Tag mit Steigeisen auf die Masten steigen, erst die Isolatoren einschrauben, die schweren Kupferleitungen auf die Isolatoren legen, und während mit Winden die Leitungen gespannt wurden, mußte ich diese mit Draht an den Isolatorkörper festbinden. Ich war jeden Abend zerschlagen.

Eines Tages, während ich gerade in der Nähe unseres Verpflegungsbunkers oben auf dem Mast saß, sah ich zwei Gefangene aus dem Bunker kommen und einen Korb mit Stroh in einen alten Granattrichter werfen. Mir fiel auf, daß die beiden sich dabei nach allen Seiten umblickten; dies wiederholte sich. Als sie weg waren, rief ich meinem Kameraden zu, er solle einmal in den Granattrichter schauen. Was er dort herausholte, übertraf meine Erwartungen. Die beiden hatten zwei große Lachse mit Stroh zugedeckt. Wir versteckten die Lachse im Sägewerk, und jeder schnitt sich eine dicke Scheibe davon ab. Wir hatten aber sehr schnell zuviel von dem Lachs gegessen und glaubten, verdursten zu müssen. Um den Salzgehalt des Lachses zu verdünnen, mußten wir sehr viel trinken. Danach waren wir sparsamer mit den Rationen; doch bald war alles aufgegessen.

Immer wieder ermunterte man uns mit den Worten: „Skoro damoi!“ („Bald nach Hause!“) Jedes Wochenende gab es eine große Reinigungsaktion in der Sauna. Die Kleidung wurde in einen großen Ofen gehängt und dort entlaust, während die Gefangenen in der Sauna schwitzten und sich wuschen. Mittlerweile gab es auch alle zwei Wochen saubere Unterwäsche.

Jeden Monat durften wir eine Karte verschicken. Von meinem Bruder wußte ich, daß er in Westfalen war, und so schrieb ich an ihn, weil es für mich die sicherste Adresse war. Es war ja nur ein Lebenszeichen mit der Bitte, den Eltern und Geschwistern auch meine Lager-Nummer mitzuteilen. Wir sollten jeden Monat eine Karte schreiben dürfen, aber manchmal waren eben keine Karten da.

Es dauerte eine ganze Weile, bis die erste Antwort eintraf, wobei es nicht immer erfreuliche Dinge waren, die man erfuhr. Es gab Nachrichten über Verluste in den Familien; Krankheiten, Hunger und Elend gehörten zum Alltag. Trotzdem war es eine Brücke zur Heimat. Aus den Briefen las man immer wieder die Freude über das Ende des schrecklichen Krieges und die Hoffnung auf einen neuen Anfang.

Auch ich bekam endlich einen Brief von meinem Bruder. Er war kurz nach dem Kriegsende von den Engländern entlassen worden und nun dabei, sich eine Wohnung in einem Gartengelände zu bauen. Derzeit wohnte er noch bei seinem Schwager, dessen Wohnung sie zuerst gemeinsam instandgesetzt hatten. Bald bekam ich mehr Post; leider konnte ich nicht jeden Brief beantworten, denn wir erhielten doch nur jeden Monat eine Karte. Schon bald setzte ein reges Tauschgeschäft mit Karten ein. Objekte waren Tabak, Zucker, Brot oder auch eine Suppe. Wer dabei erwischt wurde, bekam drei Monate keine Karte.

Zum Lager gehörten auch Ländereien, die von uns bearbeitet werden mußten. Unsere Vorbewohner, die Jugoslawen, hatten die Felder mit Kartoffeln, Tomaten, Gurken und Weißkohl bestellt, und nun kam die Zeit der Ernte. Bei der großen Zahl der Gefangenen waren natürlich auch viele Berufe vertreten. Unsere Landwirtschaftsspezialisten hatten drei große Fässer gebaut. In das erste Faß wurden Tomaten eingelegt. Eine Salzlake wurde im Faß zubereitet, und dort hinein kamen die gewaschenen Tomaten, nicht nur reife, sondern auch grüne, unreife. Die Gurken, die anschließend geerntet wurden, behandelten wir ebenso.

Neben dem Magazin für unser Lager lag das der Zivilisten. Dort wurden schon die ersten Vorbereitungen für die Haupternte, nämlich für den Weißkohl, getroffen. Er mußte gesäubert, geschnitten und in die Fässer gestampft werden. Die Frauen des Dorfes reinigten die Fässer, Holzböcke und Schneidtische wurden bereitgestellt, und wir wurden lächelnd gefragt, wann wir denn mit unserer Kohlernte fertig werden wollten. So kam es, daß die Frauen schon zwei Wochen mit großen Messern den Weißkohl schnitten und auf unserer Seite sich nichts rührte.

Dann war es soweit. Unsere Schlosser hatten eine Schneidmaschine konstruiert, vom Werk wurde ein Elektro-Motor geliehen, und schon begann bei uns die Kohlernte. Mit mehreren LKWs wurde der Weißkohl von unseren Feldern herangefahren. Zehn bis zwölf Mann waren zur Säuberung der Kohlköpfe eingeteilt, und zwei Mann warfen die geputzten Köpfe sofort in den Trichter der Schneidmaschine. Der feingeschnittene Kohl wurde dann in das große Faß geschaufelt, wo zwei Männer mit Gummistiefeln das Kraut feststampften. Der Kellermeister war bei der ganzen Arbeit der wichtigste Mann, denn er war für den späteren Geschmack verantwortlich. Nach zwei Tagen war bei uns die Arbeit getan, und die Maschine wurde großzügigerweise anschließend den Frauen des Dorfes für ihre Restarbeit geliehen.

Allmählich wurde es kälter, und immer wieder hörten wir die hoffnungsvollen Worte: „Skoro damoi!" Leider waren es zu dieser Zeit nur die kranken, arbeitsunfähigen Kameraden, welche in kleinen Gruppen zum Hauptlager kamen und von dort nach Hause entlassen wurden.

Die elektrische Leitung zu den neuen Häusern war fertiggestellt. Ich ging zurück zur Transportkolonne. An den großen Benzinfässern, die in den Baracken als Öfen aufgestellt waren, herrschte in den Abendstunden immer ein Gedränge. Die meisten Kameraden hatten von irgendwo ein paar Kartoffeln organisiert, und diese wurden nun in Scheiben geschnitten und auf oder auch an der Außenwand der Benzintonne geröstet. Diese Beschäftigung ging bis spät in die Nacht.

Mit der Kälte kam aber auch die Nässe, und die Folgen waren natürlich am Krankenstand festzustellen. Husten und Schnupfen war noch das geringste Übel; schlimmer war eine Lungenentzündung, dagegen gab es kaum Medikamente.

Auch unsere Arbeit in der Transportkolonne wurde mit der Jahreszeit unangenehmer. Mit dem Einzug des Winters reduzierten sich die Möglichkeiten, Zusatzverpflegung besorgen zu können. Daher hielten wir jeden Tag Ausschau nach irgendwelchen Quellen. Bald hatten wir festgestellt, daß am Haus des Sägewerk-Chefs öfter ein Erdbunker geöffnet wurde. Mit einem schweren Eimer ging eine Frau immer wieder vom Bunker ins Haus.

Wenn wir morgens das Lager verließen, war es noch stockdunkel, hinzu kam: Wir waren ohne Bewachung. Der Wachkommandant hatte die Bewachung unserer Brigade abgelehnt, weil die Posten den ganzen Tag mit uns hätten mitlaufen müssen. Uns war es nur recht, und so brachen wir eines Morgens mit zwei Mann zur Erkundung des Erdbunkers beim Direktor auf.

Erste Enttäuschung: Der Bunker war mit einem dicken

Vorhängeschloß gesichert. Hätten wir uns eigentlich denken können. Aufgeschoben war nicht aufgehoben. Im Werk wurden eine Brechstange und zwei Säcke besorgt. Schon am nächsten Morgen versuchten wir es wieder. Das Vorhängeschloß war schnell geknackt, aber wir entdeckten nur einen Kartoffelbunker. Zum Glück lag da eine Holzkelle, so daß wir unsere Säcke schnell füllen konnten. Die beiden Kameraden vor dem Bunker zogen die Säcke hoch, die vierzig Meter bis zu unseren Transportloren waren schnell zurückgelegt. Nun ging es mit Tempo zum Werk. Dort hatten wir einige sichere Verstecke, wo wir unsere Kartoffelsäcke deponierten. Erst am dritten Tag nahmen wir einen Teil der Kartoffeln mit ins Lager, denn wir hatten eine Kontrolle erwartet, doch nichts geschah. Jeden zweiten Tag wurden nun Kartoffeln ins Lager mitgenommen, aber schon nach etwa zehn Tagen war der Vorrat zu Ende.

Das Thema Zusatzverpflegung bestand immer, und jeder überlegte sich neue Möglichkeiten. Ein Kamerad, der neben mir sein Nachtlager hatte, kam eines Tages mit einem genialen Einfall zu mir. Jeden Abend wurden Freiwillige für den Kartoffelbunker gesucht, welche dort die Kartoffeln sortieren sollten. Dafür gab es dann einen Teller Suppe. Sein Vorschlag ging dahin, daß wir uns zum Kartoffelsortieren melden sollten. Zum Schluß der Arbeit sollten wir uns dann in einer Ecke verstecken, einschließen lassen, und nach ein paar Stunden das eine Tor, das nur von innen durch einen dicken Balken verriegelt war, öffnen.

Wie geplant, so getan. Mit etwa fünfzehn Mann gingen wir zum Bunker. Zwei Stunden wurde gearbeitet, bis der Magaziner das Kommando zum Antreten gab. Wir verhielten uns ruhig und hörten, wie die Gruppe abmarschierte. Wir warteten noch eine Weile, denn es war möglich, daß der Posten am Lagertor die Leute noch einmal zählen würde. Als wir nach langer Zeit nichts mehr hörten, prüften wir die Verriegelung der einen Tür und stellten fest, daß außer dem dicken Balken keine weiteren Sicherungen vorhanden waren, so daß wir ungehindert herauskonnten. Nun wurden zuerst einmal eingelegte Gurken und Tomaten gegessen. Es war gut, daß der Bunker keine Fenster hatte und wir das volle Licht einschalten konnten.

Bald hatten wir zwei Säcke mit Kartoffeln gefüllt und vor das Tor gestellt. Wir warteten jedoch noch eine Weile, bis wir glaubten, daß uns niemand mehr über den Weg laufen würde. Das Tor wurde geöffnet, und jeder schleppte seinen Sack zu seinem Versteck. „Wenn schon, denn schon", sagten wir uns, und jeder machte noch einmal den Gang mit einem Sack voll Kartoffeln. Aber keiner wußte vom Versteck des anderen. In diesen Sachen gab es kein Vertrauen.

Dann mußten wir noch unsere Spuren beseitigen. Es lag ja Schnee, und man hätte unsere Spur bis zum Versteck verfolgen können. Wir schlossen wieder das Tor, verriegelten es von innen und schliefen danach noch ein paar Stunden.

Plötzlich wurden wir durch Geräusche von draußen geweckt. Laut rufend machten wir uns bemerkbar, und nach kurzer Zeit kam der Magaziner und schloß das Tor auf. Schimpfend und einige Fausthiebe austeilend brachte er uns ins Lager. Durch den Dolmetscher erklärten wir nun, daß wir beim Kartoffellesen eingeschlafen wären und vom Abmarsch nichts bemerkt hätten. Nach Fluchen und Drohen mußten wir wieder zu unseren Brigaden zur Arbeit gehen. Aber unsere Vorräte waren gesichert.

In der Krankenabteilung gab es etwas Neues. Über Nacht war ein Kamerad blind geworden. Niemand konnte und wollte das glauben, weil derartiges noch keiner jemals gehört hatte. Der Kamerad mußte viele Proben und Tests über sich ergehen lassen. So mußte er, an der Hand geführt, durch eine Tür gehen. In Kopfhöhe war ein Brett vorgenagelt, und der Kamerad stieß auch tatsächlich mit dem Kopf gegen das Brett, wobei man seine Reaktion beobachtete. Bei einem weiteren Test wurde ihm während eines Gesprächs eine Schüssel Wasser von vorn mitten ins Gesicht geschüttet, aber auch hier war nur seine Schreckreaktion zu erkennen. Endlich wurde er ins Hauptlager gebracht und beim nächsten Transport in die Heimat entlassen.

Die Transportarbeit war zu Ende, und ich wurde wieder im Sägewerk als Elektriker eingesetzt. Freudig wurde ich begrüßt und durfte nun zum Meister „Alex" sagen, bei den Burschen dagegen gab es nur die Anrede „Meister". Ich fühlte mich natürlich dadurch geachtet und stellte wieder einmal fest, daß der russische Mensch jeden anderen achtet, von dem er das gleiche für seine Person erfährt.

Da ich nun jeden Tag ohne Bewachung zur Arbeit als Elektriker ins Werk ging, mußte ich auch öfter in die Wohnbaracken der Offiziere. Wahrscheinlich hatten sie ihre Stromrechnung nicht bezahlt, so daß ihnen die Stromleitung im wahrsten Sinne des Wortes abgeschnitten wurde. Um sofort wieder Strom zu haben, holte man mich. Ich setzte dann das fehlende Stück Zuleitung ein, und jedesmal gab es etwas für den Magen. Der Werksmeister Alex wurde verwarnt, weil man glaubte, er würde die Leitungen reparieren. Doch der hatte keine Ahnung von der Sache und wies die Verwarnungen zurück. Er wußte natürlich, daß kein anderer die Reparaturen gemacht hatte als ich und gab die Warnung seinerseits an mich weiter, aber er verriet mich nicht. Ich hatte aber keine Bedenken, denn es war ja ein Befehl, den die Offiziere zu verantworten hatten, und so gingen die Reparaturen weiter.

Mit beginnendem Frühjahr kamen auf der Desna wieder die ersten Holzflöße zu unserem Sägewerk. Bisher wurde der Holzvorrat für den Winter den ganzen Sommer über mit Pferden aus dem Fluß gezogen. Das war sehr mühsam, und das Holz lag im weiten Umkreis verstreut. Der Brigadier vom Sägewerk machte nun den Vorschlag, die Baumstämme mittels Seilwinden aus dem Fluß zu ziehen. Unser Elektromeister mußte sich die Sache ansehen und prüfen, ob der Vorschlag zu verwirklichen war. Er arbeitete einen Plan aus, und dann ging es an die Vorbereitungen.

Zwei alte Seilwinden wurden überholt, ein Stahlseil von zweihundert Meter Länge nebst Ersatz bestellt, und die Schlosser mußten eine Umlaufrolle für das Stahlseil anfertigen. Dann wurde eine Verankerung für die Umlaufrolle im Fluß hergestellt. Die Maurer mußten für die beiden Seilwinden einen Betonsockel gießen, und unsere Arbeit als Elektriker war die Montage und der Anschluß der beiden Seilwinden. Endlich kam auch das bestellte Stahlseil, es wurde auf die Trommel der Seilwinde gerollt. Von der Seilwinde ging das Seil nun zum Fluß über die Umlaufrolle wieder zurück zur zweiten Seilwinde. Während eine Seilwinde aufrollte, lief die andere ab. Nach zwei Tagen konnten wir den Probelauf starten. Es klappte wunderbar. Von den Schlossern wurden im Abstand von etwa zwanzig Metern Eisenringe am Seil befestigt. Mittels Haken wurden die Baumstämme an den beiden Enden mit einem Seil befestigt. Ein Haken in der Mitte des Seils wurde in einen Eisenring des Umlaufseils gehängt, und auf ein Zeichen konnte der Stamm an Land gezogen werden.

Natürlich lief in der ersten Stunde alles unter den prüfenden Blicken der Sägewerksleitung. Der Elektromeister machte zur Bedingung, daß ich als „Fachmann“ die Seilwinden bedienen müßte. Das wurde akzeptiert, und ich war damit nicht mehr als Werkselektriker beschäftigt. Ich mußte noch zwei andere Kameraden anlernen, so daß der Betrieb in dreifacher Schicht laufen konnte. Für diese Arbeit gab es aber noch keine Norm, nach der unsere Arbeit beziehungsweise Leistung bewertet werden konnte.

Eines Tages erschienen drei Zeitnehmer, welche die

Norm für diese Arbeit festlegen sollten. Mit Stoppuhr und Notizblock machten sie den ganzen Tag Aufzeichnungen. Ein Mann war am Fluß, einer an der Seilwinde und der Dritte war zur Ablösung. Wir arbeiteten unermüdlich ohne Pause. Was die Zeitnehmer nicht wußten, waren zwei für uns wichtige Faktoren. Erstens hatten die Seilwinden zwei Gänge, und wir arbeiteten natürlich immer nur im Langsamgang. Zweitens waren die Seilwinden so stark, daß sie auch zwei Stämme zugleich ziehen konnten. An diesem Tag wurde immer nur ein Stamm an den Haken gehängt. Unsere Norm oder besser gesagt, unsere Hundert-Prozent-Leistung, war fortan festgelegt. Von Tag zu Tag verbesserten wir nun unsere Leistung, indem wir die Stämme im Schnellgang zogen, und wann immer möglich, wurden auch zwei oder gar drei Stämme an das Seil gehängt. Der Erfolg war für uns natürlich hervorragend. Wir hatten durchschnittliche Leistungen von zweihundertachtzig Prozent und bekamen somit laufend Zusatzbrot; hundert Gramm Brot zusätzlich für Leistungen über hundert Prozent.

Unser Brot wurde in der eigenen Bäckerei gebacken, die von drei deutschen Bäckern betrieben wurde. Natürlich war es dort immer sehr warm, und der Bäckermeister hatte endlich von irgendwoher einen Lüfter organisiert. Ein Maurer mußte ein Loch in die Außenwand schlagen, und ich wurde gebeten, den Lüfter mit Schalter dort zu installieren. Dafür konnte ich mir dreimal ein halbes Brot abholen.

Der Betrieb mit unseren Seilwinden lief nun auf vollen Touren. Wurden früher die Stämme über weite Flächen verteilt, so konnten wir jetzt richtige Stapel anlegen. Wenn eine Schicht Stämme heraufgezogen war, wurden lange Stangen quer über die Stämme gelegt, und somit hatten wir für die nächste Schicht Gleitschienen. Auf diese Weise konnten wir sechs- bis siebenschichtige Stapel anlegen.

Die Flucht

In dieser Zeit, es war um den 20. Mai, fragten mich mein früherer Brigadier und ein Kamerad freiheraus, ob ich Lust hätte, mit ihnen die Flucht nach Hause anzutreten. Sie erklärten mir, daß es kein Spaß sei und sie schon lange den Plan hätten. Ich sollte der dritte Mann sein. Von nun an kam mir das Brot, welches ich in der Bäckerei bekommen hatte, sehr gelegen. Etwas hatte ich schon aufgegessen, aber der größte Teil war noch da. Es wurde in Scheiben geschnitten und am Feuer geröstet. Aber schon nach ein paar Tagen kam der Brigadier zu mir mit der Absage für dieses Unternehmen. Er habe es sich reiflich überlegt, er fühle sich immer schwächer und zweifle daran, die Strapazen überstehen zu können; schließlich sei er auch schon weit über vierzig Jahre alt.

Doch Kurt, der andere Kamerad, und ich wollten es dann eben zu zweit wagen. Wir hatten außerhalb des Lagers ein kleines Versteck, in dem wir getrocknetes Brot und etwas Zucker deponierten.

Einen Tag vor unserer Flucht ereignete sich ein Vorfall, der auch den Kurt von unserem Vorhaben abschreckte. Beim Morgenappell fehlten zwei Gefangene. Alles wurde durchsucht und die Bewachung verstärkt. Am Abend waren die zwei Männer wieder im Lager. Man hatte sie mit Hunden und Posten zu Pferde gesucht. Alle mußten antreten, und die beiden Kameraden wurden vorgeführt. Sie konnten sich kaum auf den Beinen halten, ihre Gesichter waren von roten und blauen Flecken gezeichnet. Nach einer donnernden Rede des Politoffiziers kamen beide sofort in den Karzer. Das schreckte also auch Kurt von einer Flucht ab. Ganz blaß sagte er in der Baracke zu mir: „Hast du gesehen, wie sie die beiden zerschlagen haben?“ Damit war der Plan einer gemeinsamen Flucht aufgegeben.

Ich konnte in der Nacht kaum schlafen. Immer wieder mußte ich an die Flucht denken, bis ich den Entschluß faßte, es eben allein zu versuchen. Davon sagte ich Kurt natürlich nichts. Damit es mir nicht so erging wie den beiden Kameraden, mußte ich versuchen, sofort am ersten Tag weit genug wegzukommen. Ich ging etwas früher zu meiner Arbeitsstelle und erkundete an den Fischerhäusern die Lage der Boote. Aus der Werkstatt holte ich mir einen Drahtschneider, denn die Boote waren mit kleinen Schlössern gesichert. Auch zwei Paddel waren schnell organisiert.

Am nächsten Abend war es soweit. Ich mußte bis zehn Uhr arbeiten und konnte nun, da ich ja ohne Posten ging, mich erst einmal im Werk verstecken. Es war noch zu hell und zu früh, um ein Fischerboot wegzuholen. Dann endlich ging es los. Meinen Proviant hatte ich in einem Beutel verstaut, und die beiden Paddel lagen schon bereit. Obwohl es kühl war, lief mir der Angstschweiß am Körper herunter. Es klappte besser, als ich gedacht hatte, und schon nach zehn Minuten konnte ich mich von unserem Lager entfernen.

Die Desna war für diese Nacht mein Fluchtweg. Es ging flußabwärts, Richtung Kiew. Die Angst und die Unruhe vom Abend waren weg, und die Hoffnung auf ein Durchkommen breitete sich in mir aus. Schon in der ersten Dämmerung steuerte ich das Ufer an. Weit und breit keine Häuser oder Lebewesen zu sehen. Das Boot wurde nun versenkt, und ich war sicher, daß es mir nicht so ergehen würde wie den beiden Kameraden vor mir. Einmaliges Wetter trug dazu bei, daß ich mich jetzt schon als freier Mensch fühlte. Ohne lange zu überlegen, marschierte ich einfach weiter am Fluß entlang in Richtung Kiew. Mein Erkennungszeichen am Ärmel, das mich als Kriegsgefangenen auswies, hatte ich natürlich entfernt, so daß mich äußerlich nichts von einem russischen Mann unterschied.

Bis Kiew wollte ich meine eingeschlagene Richtung beibehalten und mich anschließend in Richtung Westen weiterbewegen. Zur Orientierung blieb mir nur der Sonnenstand. Es dauerte nicht lange, als die erste Begegnung mit Zivilisten kam. Ich hatte schon vorher immer wieder beobachtet, daß die Leute sich, wenn es keine Bekannten waren, kaum grüßten; und so tat ich es auch. Die beiden Zivilisten erkannte ich beim Näherkommen als Mann und Frau, und mein Herz schlug schneller, je näher sie kamen. Ich sah stur auf den Boden. Wir gingen aneinander vorbei, ohne Gruß oder Frage. Es war für mich eine Art Generalprobe.

Einige Kilometer weiter lag ein kleines Dorf, aber der Weg führte in einiger Entfernung daran vorbei. Ich wurde müde, aber ich mußte noch ein gutes Stück marschieren, um genügend Abstand vom Lager zu gewinnen. Als die Sonne schon fast den Mittagsstand erreicht hatte, machte ich die erste Rast. Ich holte mein getrocknetes Brot hervor, und nach dieser Mahlzeit wurde ich wirklich müde. Ich suchte mir ein sicheres Lager und schlief sofort erschöpft ein. Durch Kälte wurde ich wieder geweckt. Es war stockdunkel, und ich mußte erst einmal auf der Stelle laufen, um mich ein wenig aufzuwärmen. Aber an einen Weitermarsch war nicht zu denken, es war zu dunkel. Es gelang mir, noch einmal einzuschlafen, und als ich wieder wegen der Kälte aufwachte, wurde es schon hell. Also konnte ich weitermarschieren. Zwei Scheiben Trockenbrot und einen halben Löffel Zucker aß ich zum Frühstück. Trotz des Marsches war es immer noch unangenehm kalt. Erst als die Sonne ein gutes Stück höher stand, wurde mir wärmer.

Bald kamen mir mehrere Leute und Wagen entgegen. Aber solange ich im Wald war, wich ich immer frühzeitig aus. Den ganzen Tag nur Wald und kein Haus. Erst als es wieder dunkel wurde, machte ich eine Pause, aß mein Röstbrot mit Zucker und suchte mir diesmal einen wärmeren Schlafplatz. Ich schlief bis zum Morgengrauen. Meine Marschrichtung war immer noch an der Desna entlang Richtung Kiew. Kleine Flußeinmündungen in die Desna machten keine Schwierigkeiten, denn überall befanden sich Brücken oder Fußgängerüberwege.

Die ersten sechs Tage verliefen ohne Zwischenfall, doch dann war meine Verpflegung aufgebraucht. Am siebten Tag in der Frühe steuerte ich ein kleines Dorf an. Etwa sechs oder acht Häuser standen da in zweihundert Meter Entfernung vom Wald. Noch ein paarmal sprach ich in Gedanken den Satz, den ich auswendig gelernt hatte: „Ich bin deutscher Kriegsgefangener und möchte nach Hause, habt ihr etwas zu essen für mich?"

Klopfenden Herzens ging ich an das erste Haus. Ein Mann hatte mich wahrscheinlich schon vorher gesehen, denn er hatte die Tür schon geöffnet. Ich grüßte ihn und sagte meinen Spruch auf. Erstaunt sah er mich an und führte mich ins Haus, wo ich von der Frau und drei Kindern nochmals fragend angesehen wurde. Aber ich brauchte nichts mehr sagen, der Mann erklärte seiner Frau, wer ich war, und bald hatte ich eine Milchsuppe und einen Kanten Brot vor mir stehen. Ich war überrascht über soviel Mitgefühl, denn mir war bekannt, daß jeder geflohene Kriegsgefangene bei der Bevölkerung hoch im Kurs stand. Bei Meldung oder Festnahmen eines geflohenen Kriegsgefangenen war eine Belohnung von eintausend Rubel ausgesetzt. Aber hier passierte nichts, weder gleich noch später. Ich war satt und zufrieden.

In den folgenden Tagen wich ich den entgegenkommenden Leuten nicht mehr aus, sondern grüßte sie, und mein Selbstvertrauen wuchs, denn ich merkte, daß die Leute in mir einen Landsmann sahen.

Der Karzer

So besorgte ich mir immer auf die gleiche Art meine Verpflegung. Eines Tages klopfte ich wieder am ersten Haus eines kleinen Dorfes an und sagte mein Sprüchlein auf, wonach ich mit Suppe und Brot bewirtet wurde. Der Mann und die Frau gingen einen Augenblick in einen anderen Raum, und nach ein paar Minuten zog sich der Mann seine Jacke über und ging nach draußen. Ich wurde unruhig, aß schneller und wollte gehen. Doch die Frau hielt mich zurück, indem sie mir Brot und eine Scheibe Speck einpackte. Doch dann war ich nicht mehr zu halten. Ich bedankte mich, und schon war ich auf dem Weg in den Wald.

Nach etwa einhundert Metern, der Hälfte des Weges, rief jemand hinter mir: „Stoi, Ruki werch!" („Halt, Hände hoch!") Beim Zurückblicken erkannte ich meinen Gastgeber und einen anderen Mann mit einem Karabiner. Ich fing an zu laufen, aber nach einer zweiten Aufforderung stehenzubleiben fiel der erste Schuß. Rechts vor mir spritzte eine kleine Fontäne hoch, die mir bewies, daß scharf geschossen wurde. Aus Erfahrung wußte ich, daß es kaum eine Möglichkeit gab, bei dieser Entfernung bis zum Wald zu gelangen. Ich blieb stehen und ging schließlich zu den beiden Männern zurück.

Der Mann mit dem Karabiner nahm mich zu einer Art Büro mit, bot mir eine Zigarette an und wollte dann wissen, aus welchem Lager ich komme. Als ich ihm alles erklärt hatte, begann er zu telefonieren. Nach etwa acht Telefonaten war er schließlich bis zu unserem Lager durchgekommen.

Mir war gar nicht wohl dabei, denn mir fielen die zwei Kameraden ein, welche nach ihrer Ergreifung so zerschlagen und anschließend in der Strafkompanie gelandet waren. Ich wurde zuerst einmal in einen Raum gesperrt, welchen der Mann mit einem Vorhängeschloß verriegelte. In der Mittagszeit bekam ich eine Gemüsesuppe, die mir gut schmeckte. Nach dem Essen gab es wieder eine Zigarette, und der Mann fragte, ob ich Holz hacken wolle. Freudig sagte ich zu, denn sofort schlich sich bei mir wieder der Gedanke einer Weiterflucht ein. Doch die Rechnung hatte ich ohne den Wirt gemacht. Ein Junge von etwa fünfzehn Jahren setzte sich auf eine Bank, über den Knien einen Karabiner. Ich war sicher, bei einer Flucht hätte er geschossen und auch getroffen.

Während der drei folgenden Tage bekam ich genug zu essen und zu trinken; mein Nachtlager war eine Strohschütte. Am dritten Tag nach dem Mittagessen kamen zwei Posten aus unserem Lager an. Zuerst mußte ich ein endloses Schimpfen und Fluchen über mich ergehen lassen, aber außer Drohungen gab es nichts. Nach drei bis vier Stunden Wartezeit ging es zum nächsten Ort, wo ein Bahnhof war. Ich mußte stets vorangehen, die Posten folgten in angemessenem Abstand. Auf dem Bahnhof mußten wir aber bis zur Dunkelheit warten, denn es war keine Hauptstrecke, und es fuhren nur wenige Züge. Die Posten hatten eine Flasche, ich nahm an, es war Wodka, aus der sie abwechselnd tranken. Im Abstand von drei Metern mußte ich mich vor ihnen hinstellen und war froh, als endlich der Zug kam und ich mich den Posten gegenüber hinsetzen durfte.

Nach kurzer Fahrt mußten wir aussteigen und wieder auf einen anderen Zug warten. Auch hier im Warteraum durfte ich mich auf eine Bank setzen, während die Posten die Zeit mit Rauchen und Trinken verbrachten. Nach langem Warten kam endlich der Zug, und ich las an einem Abteil, daß er über Brjansk fuhr. In Brjansk stiegen wir dann auch aus. Erst am Morgen stiegen wir in den Zug zu unserem Lager.

Nun machte sich bei mir Nervosität bemerkbar, die bei dem Gedanken an das Bevorstehende in Furcht umschlug.

Bei unserer Ankunft warteten auf dem Bahnsteig zwei Posten zu Pferd und vier Posten zu Fuß auf meine Übernahme. Bis zum Lager waren es etwa sechs Kilometer. Als wir aus der Sichtweite des Bahnhofs waren, wurde deutlich, daß meine Furcht nicht unbegründet war. Es begann mit einem Schlag und gräßlichen Flüchen, von weiteren Faustschlägen und Fußtritten begleitet. Durch eine schnellere Gangart wollte ich mich den Schlägen entziehen, was zur Folge hatte, daß die Posten zu Fuß etwas zurückblieben. Aber nun sahen die beiden Posten zu Pferd ihre Aufgabe gekommen. Ich mußte immer schneller laufen, links und rechts neben mir je ein Posten, welche mich abwechselnd mit Tritten und Peitschenhieben auf den Rücken traktierten. Ob ich das Lager bei Bewußtsein erreichen würde, wußte ich nicht mehr, aber der Mensch hält mehr aus, als er denkt. Ich schaffte es.

In der frühen Mittagszeit erreichten wir das Lager. Dort hielten sich zu dieser Zeit nur die kranken und arbeitsunfähigen Kameraden auf, die meine Rückkehr mit traurigen Mienen zur Kenntnis nahmen.

Ich wurde sofort in den Karzer gesperrt, was mir ganz recht war. Durch die Ritzen sah ich die Kameraden zum Essen gehen, aber von mir nahm keiner Notiz.

Nach der Mittagszeit kam der Dolmetscher mit dem Wachposten, und ich mußte mit ihnen ins Verwaltungsgebäude. In einem Raum, dessen Fenster verdunkelt waren, standen auf zwei zusammengestellten Tischen große Scheinwerfer, dahinter saßen vier oder fünf uniformierte Männer. Durch die Scheinwerfer geblendet, konnte ich keinen von ihnen erkennen. Der Dolmetscher stand an meiner Seite und wartete auf Anweisungen. Es war für mich nun von Vorteil, daß ich schon viel von der russischen Sprache verstand, und so konnte ich mir stets eine Antwort auf die Fragen des Dolmetschers zurechtlegen.

Die erste Frage des Offiziers lautete: „Warum bist du

ausgerückt?“ Auf die Frage des Dolmetschers antwortete ich: „Nach internationalem Recht steht es einem Kriegsgefangenen zu, dreimal die Flucht zu versuchen, ohne daß ihm dadurch Nachteile entstehen.“ So hatte ich es irgendwann mal gehört.

Meine Erwiderung gefiel einem der Offiziere wohl nicht, denn statt einer Antwort schoß eine Faust in mein Gesicht, daß ich glaubte, mein Nasenbein wäre gebrochen. Das Blut lief mir aus der Nase über den Mund. Um es nicht auf meine Kleidung laufen zu lassen, beugte ich mich vor und ließ es auf den Boden tropfen. Auch das war nicht recht. Einer der Offiziere rief nun, ich solle den Boden nicht dreckig machen und schnell das Blut aufwischen. Wahrheitsgemäß sagte ich, daß nichts zum Aufwischen da sei. Aber wieder kam keine Antwort, sondern ein kräftiger Schlag, diesmal an mein linkes Ohr. Ich brach zusammen, und im Unterbewußtsein nahm ich noch einen Schlag über meinen Rücken wahr. Ich nehme an, vom Eichenknüppel des Dolmetschers. Das Verhör war damit zu Ende.

Ich wachte auf, schaute mich um und wußte nicht, wo ich war. Es war mir auch gleich. Langsam kam die Erinnerung an das Vergangene und gleichzeitig die Frage: Wo bin ich jetzt? Noch während des Nachdenkens ging die Tür auf, und ich erkannte unseren deutschen Lagerarzt. Er kam an mein Bett, lächelte und fragte: „Na, mein Junge, wie geht's?“ Da ich nicht antwortete, ging er wieder aus dem Zimmer. Er kam mit einem Tablett zurück und setzte es auf den Stuhl neben meinem Bett. Bevor er mich aufforderte, etwas zu essen, gab er erst eine Erklärung. Er wollte wohl feststellen, ob ich mich noch an die vergangenen Ereignisse erinnern konnte. „Also Junge, du bist ausgerückt, und sie haben dich wieder erwischt. Dabei haben sie dich ganz schön fertiggemacht. Nun liegst du bei mir im Revier, damit du wieder arbeitsfähig wirst. Ich weiß ja nicht, wann du zum letzten Mal gegessen hast, aber du warst sechsundzwanzig Stunden ohne Besinnung, und meine Aufgabe ist es, dich auf die Beine zu kriegen. Also bitte, tu mir den Gefallen, und nimm meine Hilfe an. In erster Linie bin ich Deutscher so wie du, und dann bin ich dein Kamerad und Arzt. Ich will und muß dir helfen, und was ich dir gebe, teile ich von meiner Verpflegung. Also bitte, sei nicht stur und iß alles auf."

Vor mir standen Milch, drei Scheiben Brot, zwei Tomaten und ein paar kleine gesalzene Fische, vermutlich Sardellen. Ohne etwas zu sagen, fing ich an zu essen. Mit den ersten Bissen kam der Appetit, und bald war nicht ein Krümel mehr auf dem Teller.

Der Arzt hatte mich zum Essen allein gelassen. Nun kam er wieder, war sichtlich erfreut über meinen Hunger und fragte, ob ich noch mehr essen wolle. Gern hätte ich noch mehr gegessen, aber irgendwie schämte ich mich, lehnte dankend ab, und der Arzt brachte das leere Tablett weg. Er kam aber sofort wieder, setzte sich auf die Bettkante, und es begann ein Gespräch über Heimat, Eltern und Geschwister. Dann holte er ein Fläschchen mit irgendeiner Flüssigkeit und betupfte mein Gesicht und andere Stellen am Körper, die verbeult und aufgeschlagen waren. An den aufgeschlagenen Stellen brannte es ein wenig, aber ich empfand es als Wohltat. Überhaupt war diese Begegnung mit dem Arzt für mich etwas, was ich schon lange nicht mehr erlebt hatte. Für mich war er mehr Kamerad als Arzt. Er brachte es fertig, mich vierzehn Tage im Revier zu behalten, denn eigentlich war schon nach sechs Tagen nichts mehr von Beulen an mir zu sehen. Mit dem Arzt blieb ich weiter in Kontakt, rein kameradschaftlich. Leider blieb nicht viel Zeit zu Unterhaltungen, denn ich kam nun in die Strafbrigade.

Die Strafbrigade

Zweiundzwanzig Kameraden waren dort. Wer so etwas nicht selbst mitgemacht hat, wird wohl kaum nachempfinden können, was es heißt, in einer Strafbrigade arbeiten zu müssen.

Erstens gab es während der ersten zwei Jahre kein Stroh oder gar Strohsäcke. In den Baracken standen vier doppelstöckige durchgehende Reihen von Pritschen. Das heißt also, jeder konnte sich etwas einfallen lassen, um sein Schlaflager so weich wie möglich zu machen. Dies geschah in vielfältiger Weise: mit gefundenen Lumpen, alten Zeitungen, Gras oder Heu. Nach knapp zwei Jahren bekamen dann die ersten guten Brigaden Strohsäcke. Auch das war wieder ein Ansporn zu besseren Leistungen. Bis dahin gab es aber schon viele Kranke, die durch das harte Liegen durchgelegene, offene Körperteile hatten. Zum Glück blieb ich selbst davon verschont.

Zweitens verrichteten wir ausschließlich Nachtarbeit. Das heißt, jeden Abend um sieben Uhr Abmarsch zum Bahnhof. Dort stand auf einem Nebengleis immer ein ganzer Zug mit Steinen, Baumstämmen, Bohlen und Brettern. Es war eine Nebenstrecke zur Güterversorgung, und bei uns war Endstation. Die Entladung der Güter war eine Quälerei. Dicke Baumstämme bis zu siebzig Zentimeter Durchmesser, ebenso Steine und Bretter kamen in sogenannten Loren an. Sie waren an jeder Seite in der Mitte zu öffnen, aber die Bordwände waren gut zwei Meter hoch. Bei der Entladung von Steinen ging es noch einigermaßen gut, denn die konnte man zur Tür herausrollen. Schwieriger war es, die Baumstämme zu entladen. Diese mußte man, ob dünn oder dick, stets über die Bordwand heben. Bei den dicken Stämmen halfen wir uns mit Hebeln und Seilen. Es wunderte mich, daß außer einigen Prellungen und Abschürfungen nichts Schlimmeres passierte.

Um sieben Uhr früh marschierten wir in Kolonne zurück ins Lager. Dort gab es zum Frühstück Wassersuppe. Nun konnten wir endlich schlafen. Nach vier Stunden mußten wir jedoch den Schlaf unterbrechen, um das Mittagessen nicht zu verpassen. Es gab erneut Wassersuppe. Anschließend mußte man noch ein paar Stunden schlafen, denn ab sechs Uhr ging der Kreislauf wieder los. Unsere Körper konnten diese Belastungen kaum oder gar nicht aushalten. Einige unserer Kameraden brachen zusammen, aber nach einigen Tagen Ruhe kamen sie zu uns zurück. Im allgemeinen gab es bei der Strafbrigade keine Unterhaltung. Wir waren die „Schweigsamen“.

Fünf Monate war ich nun schon in der Brigade, als wir gegen Mitternacht ins Lager geholt wurden. Die Vermutungen über die Maßnahme waren vielfältig. Aber was konnte uns schon Nachteiliges geschehen? Wir waren uns keiner Schuld bewußt. Vielleicht wurden wieder ein paar Leute für einen Heimtransport ausgesucht. Schon öfter waren arbeitsunfähige und ältere Leute zur Entlassung ins Hauptlager geschickt worden. Aber bisher noch nie bei Nacht. Oder war im Lager etwas Besonderes passiert? Mit diesen und ähnlichen Gedanken kamen wir im Lager an.

Im Eßraum brannte Licht, wir wurden sofort dort hineindirigiert. An einem Tisch saßen vier uns unbekannte Offiziere und eine Frau in Uniform. Wir mußten uns nackt ausziehen und an diesen Offizieren vorbeigehen. Schon beim Anblick des ersten Kameraden fragte die Frau einen unserer Offiziere: „Sto takoi?“ („Was ist das?“). Leise antwortete er: „Strafnoi Brigada.“ Die Frau und einer der anderen Offiziere standen auf und kamen um den Tisch herum. Jeden der vorbeigehenden Kameraden faßten sie an die Schenkel, ans Gesäß und an die Arme und zogen die

Hautfalten vom Körper ab. Immer wieder äußerten sich die Offiziere, die wir längst als Ärzte erkannt hatten, verwundert über unseren Zustand. Schließlich wurde aus der Küche eine Waage geholt, und wir wurden alle gewogen. Mir fuhr der Schreck in die Glieder, als ich mein Gewicht erfuhr: vierundvierzigeinhalb Kilo! Mein Normalgewicht war siebzig Kilo gewesen.

Nach langem Gerede zwischen den Ärzten und unseren Lageroffizieren kamen sie zu dem Ergebnis, daß von zweiundzwanzig Mann lediglich vier bedingt arbeitsfähig blieben. Unser Zustand wurde mit „Dystrophie“ bezeichnet. Wir konnten danach in die Baracke gehen; die Strafbrigade wurde aufgelöst.

Am folgenden Morgen wurden wir alle vom deutschen Arzt im Revier untersucht. Er drückte meine Hände und sagte: „Ich freu mich für dich, daß du diese Zeit überstanden hast.“ Fast jeden Tag gab er mir ein wenig Zusatzessen. Auch sonst bekamen wir eine Zusatzverpflegung, und unsere Arbeit bestand aus Küchendienst und Lagersäuberung.

In dieser Zeit machte ich die nähere Bekanntschaft eines Mitgefangenen, eines wunderbaren Menschen. Er war mehrfacher Meister in verschiedenen Elektrofachgebieten, und alles, was mit Elektrizität zu tun hatte, lag unter seiner Aufsicht. Er kannte mich vom Sehen, denn in meiner Zeit als Elektriker hatte er öfter in der Werkstatt zu tun gehabt. Wir kamen ins Gespräch, und er sagte mir Hilfe zu.

Außerhalb des Lagers war eine Pumpstation. Ein kleiner Bunker, in dem eine Motorpumpe installiert war, diente als Unterkunft für den Pumpwart. Er mußte zu bestimmten Zeiten für das Lager und bei Bedarf auch für die Sauna, welche neben dem Lager stand, Wasser pumpen. Bisher waren in dieser Station immer Leute, die von Pumpe und Motoren keine Ahnung hatten. So passierte es öfter, daß der Motor durchbrannte oder die Pumpe festgelaufen war. Leidtragender war der Elektromeister, der dann die Pumpe wieder in Gang bringen mußte.

Die Pumpstation

Bei einer Lagebesprechung zwischen russischer und deutscher Lagerleitung, an der auch der Elektromeister teilnahm, stellte er nun die Forderung, mich als Pumpenwart einzusetzen, oder er würde keine Reparaturen mehr an der Pumpe durchführen. Es dauerte noch eine Zeit, aber dann hatte er gewonnen; ich wurde Pumpwart. Die erste Zeit mußte ich immer wieder ins Lager zum Schlafen. Schließlich wurde es der Torwache zu viel, mich in der Nacht aus der Baracke zu holen, denn gegen vier Uhr morgens brauchte die Küche Wasser. Ich wurde vom Politoffizier nochmals ermahnt, keine Dummheiten zu machen, dann könne ich auch nachts in der Pumpstation bleiben.

Dort begann dann für mich eine Erholungsphase. Bald wußte ich, wann ich unbedingt in der Station sein mußte. Ich hatte mehrere Stunden Freizeit zwischendurch. In der ersten Zeit blieb ich im Bunker und verschönerte meine Unterkunft. Es war Winter, und ich mußte für den kleinen Ofen genügend Holz vom Sägewerk heranschaffen, um nicht zu frieren. Bei den Leuten aus dem Dorf war ich bald als hilfsbereiter Elektriker bekannt, und immer öfter kamen welche und baten um Hilfe bei einem defekten Gerät oder Schalter. Meistens konnte ich die Sachen reparieren, und es brachte etwas ein. Auch die Verpflegungsmagaziner vom Lager und Dorf kamen zu mir, einmal wegen einer defekten Leitung, ein anderes Mal wegen einer neuen Steckdose, und jedesmal fiel etwas dabei für mich ab.

Ich wurde nun sicherer und überlegte, wie ich zur Aufbesserung meiner Verpflegung Reparaturfälle provozieren konnte. Am sichersten war eine Reparatur im Verpflegungsmagazin. Also sah ich mir die Zuleitungen zu den Magazinen an und hatte bald eine Idee. Ich besorgte mir einen langen Draht. Da die Zuleitungen alle ohne Isolierung waren, brauchte ich nur meinen Draht über die Leitung werfen, und der Kurzschluß war perfekt. An das eine Ende meines Drahtes band ich einen Stein, Gummihandschuhe hatte ich noch aus der Werkstatt. Nun vergewisserte ich mich, ob auch wirklich Verpflegung ausgegeben wurde. Die Magazine waren immer von halb acht bis halb zehn geöffnet. Ich zog meine Gummihandschuhe über und schaute mich noch einmal um. Nichts war zu sehen, also warf ich den Stein über die Stromleitung. Ein paar kleine Blitze zuckten auf, ich schaute zum Magazin und stellte fest, daß alles dunkel war. Ich ging in meine Pumpstation, versorgte meinen kleinen Ofen und wartete. Kurz darauf klopfte es an der Tür. Ein Mann forderte mich auf, sofort zum Magazin zu kommen. Dort wurde mir schon von weitem zugerufen, schnell für die Beleuchtung zu sorgen. Umständlich kontrollierte ich zuerst einmal im Magazin alle Sicherungen. Dann ging ich angeblich zum Werk. Als mich niemand mehr sehen konnte, machte ich einen Bogen und ging zu der Stelle, an der ich für den Kurzschluß gesorgt hatte. Einen Moment wartete ich, streifte wieder die Gummihandschuhe über und zog den Draht, von dem ich den Stein entfernt hatte, von der Leitung. Natürlich blitzte es ein paarmal, aber dann sah ich, wie im Magazin das Licht wieder brannte. Ich ging zum Magaziner und holte mir meinen Lohn ab. Es gab ein Stück Brot, einen geräucherten Fisch und ein Stückchen Fett. Auf diese Art habe ich mir im folgenden halben Jahr noch drei- oder viermal Zusatzverpflegung besorgt.

Auch in unserer Küche bekam ich öfter einen Nachschlag. Wenn mein alter Kamerad aus unserem Panzer in der Nähe war, gab ich ihm ein Zeichen. Ich stellte meine Schüssel mit der Suppe auf den Tisch und ging fort. Willi setzte sich an meine Stelle, löffelte meine Suppe und war danach etwas satter. Wir mußten beide dabei auf der Hut sein, denn Hunger tut weh, und mein Nachschlag, den ich verschenkte, wäre von Neidern bis zur Lagerführung angezeigt worden.

Zu unserem Lager gehörte ein kleiner Hof mit einem Stall, zwei Pferden und einer Kuh. Nutznießer waren natürlich die Lageroffiziere. Dieser Hof wurde von zwei deutschen Landwirten bearbeitet, auch sie brauchten nicht im Lager zu schlafen. Da der Hof in Lagernähe war, lernten wir uns bald näher kennen, und ich war öfter bei ihnen zu Besuch. Einer von ihnen machte mir eines Tages den Vorschlag, die Kartoffeln, die er als Futter für die Tiere bekam, nicht zu verfüttern, sondern mir zu geben, um Schnaps daraus zu brennen. Ich lachte über diesen Vorschlag, aber dann gab er eine weitere Erklärung. Auf dem Hof stand noch ein alter Wehrmachts-Essenträger. Diesen sollte ich als Schnapsbrenner präparieren und bei mir im Bunker den Schnaps brennen.

Ich ging nach einigen Bedenken darauf ein. Es machte viel Arbeit, denn der Essenträger mußte von seiner Isolierschicht befreit werden, anschließend wurde auf dem Deckel ein Kupferrohr, welches ich aus der Werkstatt besorgt hatte, angelötet. In der Mitte wurde das Rohr zu einer Spirale gedreht, die durch einen Holztrog führte, welcher mit kaltem Wasser gefüllt war. Als unserer Spritkocher fertig war, kam die große Premiere. Die beiden Kameraden vom Hof brachten gefrorene Kartoffeln. Der Essenträger wurde mit Wasser gefüllt, die Kartoffeln kamen in den inneren Einsatz, und der Deckel wurde fest verschlossen. Wir saßen um meinen Ofen und warteten eine ganze Stunde. Endlich kam aus dem Kupferröhrchen etwas Dampf. Sofort füllten wir den Wassertrog mit Schnee und drückten die Spirale fest da rein. Unsere Mühe wurde belohnt, denn nach einer

Weile gluckerte und zischte es im Röhrchen, und am Ende kamen tatsächlich ein paar Tropfen heraus. Es war Alkohol, allerdings ein recht schwacher. Für mich, der ich noch nie etwas von Alkohol verstanden hatte, war das Destillat ein übler Fusel. Aber die beiden Kameraden waren begeistert und brachten mir anschließend immer mehr Kartoffeln zum Schnapsbrennen. Als drei Flaschen des Destillats fertig waren, mußte ich den Schnaps noch einmal brennen. Danach war er klarer, wenn auch immer noch etwas gelblich.

Ich war heilfroh, als diese Sache nach fünf oder sechs Wochen zu Ende ging, denn ich selbst hatte ja keinen Gefallen an dem Schnaps. Es wurde allmählich auch gefährlich, denn auf den Hof waren Lageroffiziere gekommen und hatten mitgetrunken. Zum Glück fragten sie nicht nach der Herkunft des Gesöffs. Den Schnapsbrenner verkauften die beiden Kameraden irgendwo.

Die Tage wurden länger, und der Schnee verschwand langsam. Außerhalb des Lagers befand sich der Lagerfriedhof, auf dem zu der Zeit etwa siebzig Kameraden beerdigt waren. Die meisten Kameraden waren an Herzversagen, Lungenentzündung oder an einer anderen Krankheit gestorben, zwei Kameraden waren freiwillig aus dem Leben geschieden. Eine Frau hatte ihrem Mann, der Postbeamter gewesen war, geschrieben: „Mich hat man nun aus dem Postdienst entlassen, und auch für dich wird dann kein Platz mehr bei der Post sein." Einige Tage danach stürzte er sich von einer Leiter und brach sich das Genick.

Ein anderer Kamerad hatte von seinem Töchterchen einen Brief bekommen, in dem sie ihm mitteilte: „Lieber Papa, ich habe ein Schwesterchen bekommen, aber das ist schwarz und hat ganz schwarze Löckchen." Er schnitt sich die Pulsadern auf.

Auch für die anderen Kameraden waren solche Nachrichten mehr oder weniger eine Belastung. Denn alle dachten an ihre Familien und daran, ob vielleicht so eine Nachricht auch einmal für sie selbst kommen würde.

Eines Tages geschah ein makaberer Vorfall. Einige Kameraden standen am Lagerzaun und schauten zum Friedhof hinüber. Plötzlich zeigte ein Kamerad auf eine Stelle des Friedhofs und sagte: „Das sieht wie eine Hand aus.“ Er hatte recht. Nachdem mehrere Kameraden eine Hand erkannt hatten, ging der Lagerführer selbst zu der Stelle und fand die Sache bestätigt. Es war eine von Wind und Wetter schwarz gewordene Hand, welche etwa zwanzig Zentimeter aus der Erde ragte.

Wenn ein Gefangener gestorben war, wurde in der Krankenstation zuerst einmal die Todesursache festgestellt. Dann wurde er auf eine flache Trage gelegt und von dem Beerdigungskommando, welches die Grube aushob, beerdigt. Einen Sarg oder auch nur eine Kiste, in die man den Toten hineingelegt hätte, habe ich nie gesehen.

Die Hand, die nun aus der Erde ragte, war von einem Kameraden, der im Winter beerdigt worden war. Da der Boden sehr stark gefroren war, hatte das Beerdigungskommando die Grube nicht tief genug ausgehoben und den Toten nur flach unter der Oberfläche beerdigt. Als im Frühjahr die Erde wieder auftaute, ragte dann eben diese Hand wie eine Drohung heraus.

Von diesem Zeitpunkt an wurde bei Beerdigungen die Tiefe der Gruben kontrolliert.

Ich hatte mich erholt und einige Pfunde zugelegt. Wieder wurde eine Transport-Brigade aufgestellt, aber ich blieb in der Pumpstation. Balken und Bretter wurden ins Lager gefahren. Innerhalb des Lagers sollte ein Verwaltungsgebäude gebaut werden. Ende Februar wurde mit dem Bau begonnen. Im Mai war der Rohbau fertig, aber er wurde zweckentfremdet. Mit der wärmeren Jahreszeit kam nämlich wieder das Übel des Ungeziefers. Während die Kleiderläuse durch die monatliche Entlausung, welche in der Sauna stattfand, wirksam bekämpft werden konnten, vermehrten sich die Flöhe mit zunehmender Wärme. So geschah es, daß erst ein paar, dann immer mehr Kameraden aus der Baracke auszogen und sich einen Platz in diesem Neubau einrichteten. Bald war nicht ein einziger Platz mehr frei, und die anderen Kameraden verteilten sich auf geeignete Plätze im Gelände. Anfangs hatte die Lagerleitung diese Umzüge verboten, aber als sie sich von der Plage überzeugt hatte, war sie damit einverstanden.

Eines Tages erschien – wie immer ohne Anmeldung – eine Abordnung im Lager. Bei dem Anblick der verstreuten Lagerplätze kam natürlich die Frage über die Ursache. Unsere Lagerleitung rückte schließlich mit der kurzen Antwort heraus: „Mnogo Blocki!“ („Viele Flöhe!“) Mit dieser Antwort gaben sich die Offiziere nicht zufrieden und wollten es selbst sehen. Erst schauten sie durch ein Fenster in die Baracke, aber es war nichts zu sehen. Kurz entschlossen öffneten sie die Tür und gingen hinein. Unsere Lageroffiziere wollten draußen bleiben, aber die anderen forderten sie zum Mitgehen auf. Es blieb ihnen nichts übrig, sie mußten also mit in die Baracke.

Es war gerade Mittagszeit, und so war ich zufällig im Lager. Weil so viele Kameraden durch die Fenster in die Baracke sahen, wurde ich neugierig und tat dasselbe. Die Offiziere hatten noch nicht einmal die Mitte der Baracke erreicht, da wurden ihre Hosen von unten herauf immer dunkler. Die letzten machten halt, riefen den Vorausgehenden etwas zu, und die verließen eilig die Unterkünfte. Ihre Hosen waren schwarz von Flöhen. Schnell zogen die Offiziere ihre Kleidung bis auf die Haut aus. Jedes Stück wurde geschüttelt und geklopft, bis man glaubte, daß keine Flöhe mehr in der Kleidung waren.

Dieser Vorfall hatte natürlich Folgen. Die Schlosser

mußten einen Druckkessel anfertigen, ein Druckmesser wurde eingebaut, ein Einfüllstutzen für Wasser und Anschlüsse für Schläuche. Es wurden Freiwillige gesucht, die die Baracke wieder bewohnbar machen sollten. Die Aktion begann. Der Druckkessel wurde mit Wasser und einer Mischung von Desinfektionsmitteln gefüllt. Anschließend wurde dieser Kessel außerhalb der Baracke beheizt. Als das Manometer genügend Druck anzeigte, wurde das Ventil geöffnet, und der Infektionsdampf schoß aus beiden Schläuchen. Für die beiden Männer hatte man Atemmasken und dünne Anzüge besorgt. Es dauerte mehr als zwei Wochen, bis die Baracke wieder beziehbar war. Positiv war, daß bei dieser Aktion auch die Wanzen vernichtet worden waren.

Von nun an mußte die Baracke jede Woche mit einem Desinfektionsmittel geschrubbt werden.

Immer auf der Suche nach zusätzlicher Verpflegung, kamen wir auf alle möglichen Quellen. An unserem Fluß, der Desna, gab es ein Steilufer. In dieser Steilwand nisteten Scharen von Schwalben. Wenn sich die Gelegenheit bot, wurden deren Nester ausgenommen, eine schwierige Arbeit, denn die Nester waren gut einen halben Meter tief in die Wand gebaut.

Unser Arzt war stets um die Gesundheit der Gefangenen bemüht. Im Frühjahr nahm er die Arbeitsunfähigen, die im Lager die Aufräumungsarbeiten verrichten mußten, mit in den nahen Wald, um die frischen Triebe der Fichten abzupflücken. Daraus wurde ein Tee gebrüht, den jeder am Abend trinken mußte. Er schmeckte scheußlich, deshalb überwachte der Arzt auch die Einnahme des Tees.

In dieser Zeit des Frühlings hatten wir auch ein erheiterndes Erlebnis. Draußen vor den Toren des Lagers spazierte die Jugend des Dorfes und sang ihre russischen Volksweisen. Inspiriert von diesen Gesängen, versammelten sich am Abend einige Kameraden und stimmten ein paar Heimatlieder an. Der Stimmung entsprechend waren es natürlich immer wehmütige Lieder. Eines Abends wurde dabei das Lied „Kein Feuer, keine Kohle kann brennen so heiß, als heimliche Liebe ..." gesungen.

In einiger Entfernung hörte der Politoffizier zu, kam aber bald eiligen Schrittes zu uns und erklärte: „Nix gut Lied, russisch Kohle besser, neue Lied, antifaschistisch Lied singen!"

Wir konnten seinen Gedankengang nicht nachvollziehen, suchten aber nach einem anderen Lied. Plötzlich stimmte ein Kamerad „Unter der roten Laterne von Sankt Pauli ..." an. Alle sangen mit, und mit einem lächelnden „Karascho!" („Gut!") zog der Offizier ab.

Natürlich sangen wir das Lied zu Ende, um dann in ein befreiendes Lachen zu fallen. Die rote Laterne war wohl für den Offizier das Richtige gewesen.

Direkt neben dem Lagerzaun lag ein schmaler Kartoffelacker. Als die ersten Kartoffeln gewachsen waren, konnte einer unserer Bewachungsposten nicht widerstehen, ein paar Stauden herauszureißen. Ein Kamerad, der im Lager auch als Dolmetscher fungierte, sah diesen Vorgang, rannte wütend aus dem Lager zu dem Posten und schrie ihn an. Der Posten richtete seinen Karabiner gegen unseren Dolmetscher. Die Wut des Dolmetschers kannte keine Grenzen, er sprang den Posten an, drehte ihm den Karabiner aus den Händen und stieß ihn mit dem Lauf in die Erde. Zur gleichen Zeit kam der Wachoffizier, der den Hergang beobachtet hatte, zu den beiden Kampfhähnen. Unser Mann schimpfte über den Posten und sprach von Sabotage und Diebstahl am Volkseigentum.

Was niemand erwartet hatte, passierte: Der Offizier schlug den Posten mit der Faust ins Gesicht und nahm den

Karabiner. Der Posten mußte ins Wachhaus laufen. Später wurde er strafversetzt.

Von Zeit zu Zeit besuchte der sowjetische Lagerführer mit seinem Stab das Lager, und wir mußten alle auf dem Hof antreten. Der deutsche Lagerführer bekam eine Liste und las Namen vor. Alle Kameraden waren mucksmäuschenstill und lauschten angestrengt, ob ihr Name auch dabei war. Die aufgerufenen Kameraden mußten sofort ihre Sachen packen und durften dann nicht mehr mit den anderen sprechen. Schon aus Angst tat das auch keiner.

Meistens fuhren sie schon nach zwei Stunden mit Lastwagen ab. Nach weiteren vier bis sechs Wochen wurden sie dann zur Heimat entlassen. Es handelte sich immer um die kranken, arbeitsunfähigen Kameraden, welche zur Entlassung ausgesucht wurden.

Natürlich gab es auch Ausnahmen, zum Beispiel diese: Für einen wichtigen Mann des Dorfes sollte im Gegensatz zu den sonst üblichen Holzhäusern ein Steinhaus gebaut werden. Nach den Berechnungen unserer Baufachleute war bereits alles benötigte Material herangefahren, Keller und Fundament waren fertiggestellt worden. Acht Mann hatten einen Tag lang die großen Steine rings um das Fundament verteilt. Zwei Betonmischer standen bereit, und schon lange vor Arbeitsbeginn wurde ein Vorrat an Speis gemischt. Pünktlich um sieben Uhr fing der Maurer mit der Arbeit an. Zehn Handlanger schütteten den Speis immer handgerecht auf die Mauer, einige Männer legten die Steine direkt vor den Maurer. Er mußte sie nur genau ausrichten und natürlich auf die Maße achten. Und er brachte es fertig, das Haus bis zum Abend zu mauern, mit Zwischenwänden und Giebel, natürlich ohne Decke, ein Einfamilienhaus mit drei Räumen, Diele und Bad. Am Abend wurde der Maurer, gestützt von seinen Helfern, ins Lager gebracht. Er brauchte nichts mehr zu tun. Mit dem nächsten Transport wurde er nach Hause entlassen.

Die Russen aus dem Dorf fragten noch oft nach ihm, aber nicht in guter Absicht, denn ihnen wurde diese Leistung als Vorbild hingestellt, und darüber waren sie böse.

Das fertige Steinhaus fand bei allen im Dorf Anerkennung, und es wurde mehr Material für weitere Häuser herangefahren. Für mich persönlich hatte diese Materialbeschaffung etwas Negatives, das mich noch lange Zeit beschäftigte.

An meinem Geburtstag kam ich aus meinem Bunker und schaute auf den Fluß, auf dem gerade die Gans eines unserer Offiziere mit ihren Jungen zur Insel herüberschwamm. Beim Anblick dieser Vögel erkannte ich mein Geburtstagsessen. Ich holte die Paddel aus meinem Bunker, machte das Boot los und ruderte zur Insel. Bald hatte ich die Gänse gefunden, und da die Insel völlig mit Weiden zugewachsen war, konnte ich ungestört ein Gänschen schlachten, rupfen und in kleine Teile zerlegen. Die Spuren des Schlachtfestes waren schnell beseitigt. Ich verstaute die Teile in meinen Taschen und legte zur Tarnung obendrauf wilden Knoblauch und Zwiebeln, die es hier in Massen gab. Nichts störte meine Rückkehr, und ich brachte das Fleisch sofort in die Sauna, von der ich ja auch einen Schlüssel hatte. Es war kein Badetag. Ich schloß der Tür von innen ab und begann sofort mit der Zubereitung meines Geburtstagsbratens. Er wurde rechtzeitig zum Mittag fertig, und es machte mir Mühe, alles aufzuessen.

Am Abend fehlte ein kleines Gänschen, und der Offizier kam zu mir und klagte sein Leid. Hilfsbereit paddelte ich mit ihm zur Insel und suchte noch eine halbe Stunde mit ihm, aber das Gänschen war einfach nicht zu finden.

Die Krankenstube

Meine Zeit in der Pumpstation war zu Ende. Ich war zu kräftig geworden und wurde in eine Arbeitsbrigade versetzt, zum Zementausladen. Loser Zement aus einem Waggon wurde in Säcke gefüllt. In der ersten Zeit dachten wir nicht darüber nach, was beim Einatmen des Zementstaubes passieren könnte. Einige Kameraden bekamen bald Atembeschwerden. Da es keine Atemmasken gab, mußten wir feuchte Tücher vor Nase und Mund binden und dann weiterarbeiten. Der eingeatmete Zementstaub erstarrte in der Lunge zu kleinen Betonkügelchen, das rief die Atembeschwerden hervor.

Es war nicht das einzige Übel, das meiner Gesundheit widerfuhr. Als ich eines Tages an unserer Krankenabteilung vorüberging, stand unser Arzt vor der Tür und beobachtete mich. Er winkte mir zu und sagte: „Komm doch einen Augenblick herein, frierst du nicht?"

Ich wunderte mich, woher er das wußte, denn ich fror wirklich. Ich mußte die Temperatur messen und gleich im Revier bleiben, denn die Skala zeigte 38,8 an. Sofort mußte ich ins Bett und wurde mit fünf oder sechs Decken zugedeckt. Der Befund: Malaria! Ich erhielt fünf Tabletten Chinin. Als ich richtig warm wurde, konnte ich die Auswirkungen feststellen. Trotz der vielen Decken zitterte ich so, daß das ganze Bett mitschwankte. Nach etwa einer halben Stunde war der Anfall vorbei. Ich war vollkommen erschöpft und schlief ein.

Der Fieberanfall kam nun jeden Tag. Fünf Tage mußte ich Chinin einnehmen, und nach einer Woche konnte ich die Krankenstube verlassen, allerdings mit der Mitteilung, daß ich jeden Monat mit einem neuen Anfall rechnen müßte. Dieses Übel suchte mich auch tatsächlich fast jeden Monat heim. Immer wieder wurde mir Chinin verabreicht, bis endlich nach zwei Jahren der erwartete Anfall ausblieb. Vorsorglich mußte ich trotzdem die Tabletten nehmen, aber zum Glück blieben die Anfälle dann für immer aus. Es war ja auch die Sumpf-Malaria; bei der Tropen-Malaria wäre es schlimmer gewesen.

In dieser Zeit wurde ein rumänischer Dolmetscher aus unserem Lager zum Hauptlager nach Bjeschitza gebracht, wo ein Entlassungstransport nach Rumänien zusammengestellt wurde. Dort befanden sich viele Rumänen, die den Dolmetscher noch aus der Zeit kannten, als er Lager-Dolmetscher war und seine Landsleute prügelte und mißhandelte.

Unser Lagerführer erzählte, daß die Rumänen den Dolmetscher während der Fahrt in die Heimat aus dem fahrenden Zug warfen. Erst nach längerer Zeit wurde er, neben dem Bahndamm liegend, mit vielen Knochenbrüchen gefunden und ins Lazarett gebracht.

Not macht erfinderisch, so auch bei uns. Täglich mußten zehn bis fünfzehn Mann am Abend Kartoffeln schälen. Dabei gab es immer wieder Krach wegen der zu dicken Schalen. Sie wurden oft aus den Abfallhaufen herausgesucht, um sie zu einer Suppe zu verwerten. Diesem Übel sollte ein Ende bereitet werden, also mußten unsere Schlosser wieder einmal aktiv werden. Der Auftrag: Konstruktion einer Kartoffelschälmaschine. Nach wenigen Tagen war sie fertiggestellt. Ein kleiner Motor drehte eine Schältrommel, die wie eine Reibe durchlöchert war, in angemessenem Tempo durch. Die Kartoffeln wurden durch die Zacken der Trommel abgerieben. Fließendes Wasser spülte den Abrieb in eine große Wanne, in der noch ein feines Sieb gespannt war. Die abgeriebene Schale blieb nun auf dem Sieb liegen, aber das Kartoffelmehl fiel durch bis auf den Boden.

Erstaunlich, wieviel Kartoffelmehl dabei gewonnen werden konnte. Es wurde natürlich zum Verdicken der Suppen genommen.

Auf den Wiesen hatten wir schon seit längerer Zeit zusätzliche Würzprodukte gefunden. So konnten wir eine Brennesselsuppe kochen, die wir mit wilden Zwiebeln und Knoblauch schmackhafter machten.

Infolge der von Zeit zu Zeit abgehenden Transporte war das Lager nur noch halb belegt. Für die weiter dort Verbleibenden wurde die Zeit etwas erträglicher. An den Sonntagen gab es für einzelne Kameraden Genehmigungen zum Schwimmen in der Desna.

Durch meine Tätigkeit als Pumpwart war ich jedem Torposten bekannt und konnte somit in meiner Freizeit aus dem Lager. Ich mußte mir aber öfter ihre freundlichen Ermahnungen anhören: „Pumpa“ (so wurde ich bei ihnen genannt), „aber nicht trab trab.“ Damit erinnerten sie mich an meine mißglückte Flucht. Aber ich dachte gar nicht mehr daran, noch einmal auf eigene Faust in Richtung Westen zu marschieren.

Die Russen munterten uns mit ihrem „Skoro damoi“ („Bald nach Hause“) immer öfter auf. Ich nahm jede Gelegenheit wahr, sonntags in der Freizeit aus dem Lager zu gehen. Am liebsten in den nahen Wald, wo ich während des Sommers viele Erdbeeren und Blaubeeren fand. Wenn ich im Wald Beeren sammelte, vergaß ich manchmal fast, daß ich in Gefangenschaft lebte.

Einige Wochen später sammelte ich Pilze. Es gab so viele, daß ich mich auf die besten Arten beschränken konnte, Pfifferlinge und Steinpilze. Jetzt war die Zeit gekommen, um unserem Arzt meine Dankbarkeit zu zeigen. Erdbeeren, Blaubeeren und Pilze waren für ihn eine erfreuliche Abwechslung auf dem Speisezettel.

Eines Tages saßen wir in einer Ecke des Lagers, genossen den Feierabend und plauderten. Einige kochten sich was. Da niemand von uns eine Uhr besaß, waren wir auf die Zeitanzeige der Werkssirenen angewiesen. Auch der Stand der Sonne war für uns eine gute Orientierung.

An diesem Abend merkte ich, daß es vor meinen Augen früher dunkel wurde als sonst. Ich machte darüber aber keine Bemerkungen und ging, solange ich noch etwas erkennen konnte, zu meinem Platz. Als am nächsten Morgen geweckt wurde, zu dieser Zeit war es immer schon hell, wurde mir klar, daß ich nichts sehen konnte. Ich sagte es meinem Nachbarn, und der brachte mich zum Arzt. Der erschrak darüber sehr und behielt mich im Revier. Etwa gegen neun Uhr wurde es vor meinen Augen langsam heller, und wenig später konnte ich wie durch Nebel auch meine Umgebung erkennen und allmählich alles wieder klar sehen.

Der Arzt erklärte, es sei wahrscheinlich akuter Vitaminmangel, und ab sofort bekam ich jeden Tag eine Portion Fisch. Außerdem hatte der Arzt irgendwoher Dragees besorgt, die nach Lebertran schmeckten. Ich brauchte nicht zur Arbeit außerhalb des Lagers. Meine Nachtblindheit dauerte fast fünf Wochen. Danach war ich – trotz Gefangenschaft – der glücklichste Mensch im Lager. Meine Fischrationen und die Lebertranperlen bekam ich weiter.

Das Hauptlager Bjeschitza

Im Lager „Bela Berosa" hatten wir viel aufgebaut, im Dorf modernisiert, und mit den Dorfbewohnern waren wir bekannt geworden. Bei unserer Abfahrt zum Hauptlager Bjeschitza winkten uns viele freundlich zu.

Wohl hofften die meisten von uns, daß wir nun entlassen würden, aber nichts deutete darauf hin. Im Gegenteil, schon am zweiten Tag wurden wir in neue Brigaden aufgeteilt, und dann ging es zur Arbeit. Fast alle Brigaden arbeiteten in der Fabrik. Dort wurden schwere Güterloks und Kühlwagen gebaut. Die Kühlwagen waren mir ja bekannt, aber so schwere Lokomotiven hatte ich noch nicht gesehen.

In die Produktionsbetriebe kamen unsere neuen Brigaden zwar nicht, aber bei den Bau- und Aufräumungsarbeiten sahen wir alle Winkel des Werkes. Thema Nummer eins war und blieb auch hier die Zusatzverpflegung.

Der erste Ort, den wir dafür in Augenschein nahmen, war die Werkskantine. Von außen konnte man durch die Fenster die einzelnen Räume erkennen. In einem großen Raum standen Tische und Bänke. Dort wurde also das Essen für die Werksangehörigen ausgegeben. Daneben lag die Küche, die auch einen Seiteneingang hatte. So konnte man ebenfalls in die Vorratsräume kommen. Beide waren durch einen langen Gang voneinander getrennt. Das hatte ein Kamerad aus meiner neuen Brigade schon erkundet. Er unternahm als erster den Versuch, etwas Eßbares herauszuholen. Zwei Minuten später war er auch schon wieder draußen und grinste. Unter seiner Jacke steckten zwei große Brote, mit denen er schleunigst das Weite suchte. Ein anderer Kamerad machte das gleiche und war auch schnell wieder mit zwei Broten heraus. Warum soll ich es nicht schaffen, dachte ich, war schon im Vorratsraum und holte ein Brot aus dem Regal. Leider war meine Jacke so eng, daß ein zweites Brot keinen Platz mehr hatte. Doch ich war auch mit einem Brot sehr zufrieden.

Einige Tage später wollten wir den Gang zum Vorratsraum wiederholen, das heißt, der erste Kamerad war schon im Vorratsraum, und wir warteten draußen. Lautes Rufen und Schimpfen ließ uns auf einmal schnell in den Büschen in Deckung gehen. Nach einiger Zeit ging die Tür auf, und der Kamerad wurde von zwei Männern herausgestoßen. Schnell lief er zu unserer Arbeitsstelle. Er war also erwischt worden. Man hatte ihm vier Zähne ausgeschlagen, dazu noch einige Faustschläge auf den Kopf gegeben, welche ihn erst am nächsten Tag so richtig entstellten. Damit war diese Quelle der Versorgung erst einmal versiegt.

An einem Ende des Werkes hatte man einen Erdbunker angelegt, in dem Kartoffeln, Kohl und eingemachtes Gemüse eingelagert worden waren. Die kleinen Lüftungsfenster waren immer offen, aber mit Eisengittern versehen. Auch hier fanden wir eine Lösung. Wir besorgten uns lange Stangen, versahen die Spitze mit einem Nagel, und dann wurde geangelt. Die Kohlköpfe mußten wir zuerst in Stükke schneiden, damit wir sie durch die Gitter ziehen konnten. Es war eine mühselige Arbeit, aber eine ungefährliche. Erstens kam kaum jemand hier vorbei, und zweitens konnte man immer rechtzeitig in Deckung gehen.

Nach einiger Zeit fiel uns Neulingen in diesem Lager auf, daß beim Ausmarsch aus dem Werk öfter eine junge Frau am Weg stand, die mit den Gefangenen der vorderen Reihen sprach und ihnen ab und zu etwas gab. Bald wußten wir Bescheid, was es damit auf sich hatte. Es war eine deutsche Frau, die in den letzten Kriegstagen einen russischen Hauptmann kennengelernt hatte und als seine Frau nach

Rußland mitgezogen war. Ihr Mann wurde nach Kriegsende entlassen und war nun genauso ein Arbeiter wie die anderen. Da sie aber zwei Kinder hatte, wollte sie in Rußland bleiben. Es war für sie eine Wohltat, ab und zu mit einem deutschen Menschen ein paar Worte zu wechseln.

Wie im ersten Lager, so machten wir auch hier unsere Geschäfte mit Seife. Jedes Stückchen Kernseife wurde gesammelt, und wenn wir genügend beisammen hatten, gingen wir an die Herstellung. Dazu wurde ein Holzkästchen in der Größe eines Normalstückes der echten Kernseife gebaut. Durch den Boden wurden vier kleine Nägel geschlagen. In der Baugrube unserer Arbeitsstelle war ein fester Lehm, der fast die gleiche Farbe hatte wie die Kernseife. Von diesem Lehm wurde ein rechteckiger Klotz geformt, etwa zwanzig Millimeter kleiner als die Holzform. Den Lehmklotz legten wir in das Kästchen auf die vier Nägel. Daraufhin wurden die Seifenstückchen in einem Topf auf kleinem Feuer flüssig gemacht und über den Lehmklotz gegossen. Die „Seife" wurde gut bezahlt, aber bald bestanden unsere Kunden auf einer Qualitätskontrolle und schnitten die Seifenstücke kurzerhand durch. Damit war dieses Geschäft natürlich schlagartig zu Ende.

Unsere Unterkunft war eine alte Kaserne, und wir lagen in der dritten Etage. Schon nach wenigen Tagen bemerkten wir, daß wir Mitbewohner hatten: große, ekelerregende Ratten, die nachts über unsere Betten liefen und nach Futter suchten. Einige Kameraden wurden sogar von den Ratten gebissen.

Wir ersannen ein Verfahren, mit dem wir dieser Plage Herr werden wollten. Bis auf ein Loch im Fußboden, durch das die Ratten herauskamen, wurde alles abgedichtet. Ein Posten, der in der Nähe des Loches saß, hatte einen Ziegelstein bereitliegen. Wenn eine Ratte aus dem Loch herausgekommen war, wurde das Loch schnell mit dem Ziegelstein zugedeckt, dann begann die Jagd. Mit kurzen Wurfhölzern wurde die Ratte erschlagen und an die Ausgangstür gelegt. An manchem Morgen waren es vier Ratten. Die Plage hörte jedoch nicht auf. Endlich empfahl ein Kamerad, der aus einer ostpreußischen Bauernfamilie stammte, ein altes Hausrezept: Eine Falle wurde gebaut mit einer gekochten Kartoffel als Köder. Schon bald saß eine Ratte drin. Dann wurde ein dicker Draht an mehreren Kerzen glühend gemacht, die Ratte wurde mit Stäben in einer Ecke der Falle festgehalten, und der Bauernsohn brannte ihr beide Augen aus. Es war grauenhaft, aber es mußte sein. Die Klappe der Falle wurde so geöffnet, daß die Ratte in das Dielenloch laufen mußte. Danach hörten wir mehrere Tage lang gräßliche laute Schreie. Der Kamerad erklärte uns, die blinde Ratte würde nun alles, was sich ihr in den Weg stellte, sofort beißen. Er hatte recht, denn die Ratten verschwanden, und wir hatten unsere Ruhe.

Eines Tages besuchte mich mein Kamerad Willi von der Panzerbesatzung. Er war schon vor einiger Zeit ins Hauptlager gekommen und hatte nun gehört, daß das Lager „Bela Berosa“ ganz aufgelöst worden war. Also suchte er und fand mich auch. Wir freuten uns sehr, es gab viel zu erzählen. Willi berichtete, daß unser Dolmetscher von „Bela Berosa“ hier wäre. Er würde jeden Abend an der Küche stehen und sich zum Kartoffelschälen melden. Sofort war ich hellwach, denn ich glaubte immer noch, daß er es war, der mich beim Verhör nach meiner Flucht besinnungslos geschlagen hatte. Willi wußte auch, wo der Dolmetscher lag, und ich brannte darauf, ihn zu sehen. Also gingen wir in seinen Block. Der Dolmetscher war auch da, saß teilnahmslos auf seinem Bett. Ich stellte mich vor ihn hin und fragte, ob er mich kenne. Er sah kurz auf und antwortete: „Nein!“

Das war zuviel für mich. Ich gab ihm einen Stoß vor die Brust und sagte, er solle beten, daß er mir nach der Gefangenschaft nie mehr begegne. An seiner Reaktion merkte ich, daß er mich sehr wohl erkannt hatte.

Am Abend darauf ging ich zur Küche und sah mich um. Tatsächlich stand der Dolmetscher in der Reihe, um Kartoffeln zu schälen. Ich sprach den Koch an und behauptete, ich sei Brigadier und er möge sich bitte draußen einen Mann ansehen. „Warum?“ war seine kurze Frage. „Bei den Freiwilligen zum Kartoffelschälen steht ein Kameradenschinder, der im anderen Lager als Dolmetscher seine Kameraden geschlagen und mißhandelt hat, jag ihn weg!“

Das genügte, der Koch kam heraus, sah den Mann und jagte ihn mit einigen Schimpfworten davon.

Im allgemeinen gefiel es uns im Hauptlager nicht so gut wie in dem kleinen Ort. Die Kaserne hatte nur einen kleinen Innenhof, und aus dem Lager durfte niemand heraus. Auch die Erkundungen im Werk waren schnell erschöpft, so daß wir unseren Aufenthalt hier als stinklangweilig empfanden.

Der politische Lehrgang

Für die Teilnahme an einem Lehrgang wurden Freiwillige gesucht. Unser deutscher Lagerführer von „Bela Berosa" hatte mich als Interessenten gemeldet und sprach mit mir darüber. Nach seiner Information sollte der Lehrgang vier Wochen dauern. Danach sollte jeder eine Brigade übernehmen und politisch betreuen. Er machte es mir auch noch schmackhaft, indem er mir erklärte, der Lehrgang würde im Oktober, also in der naßkalten Zeit, stattfinden, und die Lehrgangsteilnehmer säßen dann in warmen Räumen.

Nachdem wir dem Politoffizier vorgestellt worden waren und der uns einen Vortrag über „Neubeginn und Antifaschismus" gehalten hatte, fühlten wir uns schon als halbe Kommunisten. Vier Wochen später bekamen wir bessere Kleidung, und ab ging's zur Schule. Die Unterbringung war erwartungsgemäß gut. Jeder hatte sein Bett mit Strohsack, und die Waschgelegenheiten und Toiletten waren zufriedenstellend.

Der erste Tag war ausgefüllt mit dem Empfang von Schreibmaterial. Jedem wurde ein dickes Buch mit dem Titel: „Die Geschichte der KPdSU" ausgehändigt. Über die Lehrer waren wir am meisten überrascht: drei deutsche Professoren, die erklärten, daß sie beauftragt seien, uns politisch zu schulen.

In drei Abteilungen wurde uns von morgens acht Uhr bis abends achtzehn Uhr die Geschichte der russischen, deutschen und französischen Revolution beigebracht. Eine Stunde war Mittagspause. Nach Feierabend wurde natürlich noch lange diskutiert. Wir kamen alle zu dem Schluß, daß der Lehrgang doch anstrengender war, als wir geglaubt hatten.

Der Winter hielt seinen Einzug, und jeder war froh, wenn er nach Feierabend vor dem warmen Ofen sitzen konnte. Im Februar 1949 wurden die Lehrgangsteilnehmer zum Politoffizier gerufen. Ob ich der einzige war, der dabei an eine Heimkehr glaubte, fand ich nicht heraus, jedenfalls war ich zutiefst enttäuscht, als der Offizier uns die zukünftige Arbeit offenbarte: Im April sollten wir in ein Straßenbau-Lager kommen. Es würde eine Straße von Süd nach Nord gebaut, die Sewastopol mit Leningrad verbinden sollte. Jeder von uns bekäme eine Brigade zwischen zwanzig und fünfzig Mann zugeteilt, für die er auch verantwortlich wäre. Unser Streckenabschnitt sollte von Bjelgorod bis Charkow gehen.

Nach dieser Mitteilung waren wir entlassen. Etwa um den 20. April mußte das ganze Lager antreten. Nur die Brigaden, die in den Produktionshallen arbeiteten, konnten wegtreten und ins Werk abmarschieren. Alle anderen waren schon namentlich in Brigaden aufgeteilt, und jeder Brigadier bekam nun seine Männer. Ich selbst war gar nicht froh darüber, denn ich bekam eine Brigade von vierzig Mann. Es wurden noch Vorschriften, Strafandrohungen bei Verstößen sowie Rechte und Befehlsgewalt der Brigadiere vorgelesen, danach hieß es, alle Sachen packen.

Das Straßenlager Bjelgorod

Am Morgen marschierten wir in Kolonne zum Bahnhof. An der Stimmung der Leute merkte man, daß doch viele von dieser Verlegung enttäuscht waren. Die meisten hatten eher mit einer Entlassung in die Heimat gerechnet. Die Fahrt bis Bjelgorod dauerte nicht lange. Die Entfernung vom Bahnhof bis zum Lager betrug nur etwa einen Kilometer. Das Lager selbst eine weitere Enttäuschung: vier Erdbunker, die alle nach Moder und Fäulnis stanken, und das ganze Gelände von einer zehn Zentimeter hohen Schlammschicht bedeckt.

Es galt, viele Probleme zu bewältigen. Der Schlamm wurde natürlich mit den Schuhen in die Bunker getragen, so daß der Boden selbst nur noch eine stinkende Brühe war. Auch die Pritschen waren bald mit Schlamm bedeckt, da jeder seine Schuhe mit auf die Pritsche nahm. Damit nachts niemand den weiten Weg zur Toilette gehen mußte, wurde von der Lagerleitung für jeden Bunker ein Faß für die Verrichtung der Notdurft in den Vorraum gestellt. Jede Nacht waren sechs Mann eingeteilt, die die gefüllte Tonne wegtragen mußten. Leider wurden die betreffenden Leute immer erst dann geweckt, wenn die Tonne fast überlief. Mit wenig Fantasie kann man sich vorstellen, was alles bei diesen Entleerungsaktionen passierte. Die Leute rutschten in dem Schlamm oder fielen gleich ganz hin.

Wir versuchten alles Mögliche, um das Lagergelände trocken zu bekommen, zogen viele kleine Gräben, und aus einem Werk in der Stadt bekamen wir Bastmatten, die wir vor den Barackeneingängen auslegten. Zum Glück sollten wir „nur“ aufräumen. Als es Anfang Mai endlich wärmer wurde, konnten wir wenigstens die Baracken, die Schuhe und die verdreckten Sachen reinigen.

Mit der Trockenheit kam auch unser erster Einsatz. Die Hauptstraße durch Bjelgorod befand sich in einem jämmerlichen Zustand. Teilweise fehlten die Pflastersteine ganz, und Schlaglöcher gab es genug, in jeder Größe. Diese Straße sollte nun zuerst erneuert werden. Die Steine wurden herausgerissen, das Straßenbett planiert, dann folgte eine Packlage von größeren Steinen. Darüber kam eine Schicht groben Schotter und darüber eine Schicht Sand. Jede Schicht wurde natürlich festgewalzt.

Bis hierher konnten wir alle Arbeiten gut verrichten, aber dann wurden Spezialisten gesucht. Zwei Pflasterer waren unter uns, die jedoch für dieses Projekt nicht ausreichten. Also mußten die beiden Spezialisten schnellstens andere Kameraden einweisen. So hatten zehn Mann die Aufgabe, den beiden Spezialisten zuzuschauen und gleichzeitig als Handlanger zu arbeiten. Die Anlernlinge mußten Richtschnüre ziehen und die passenden Steine aussuchen. Die Hauptsache war allerdings, daß die Kameraden das Steinsetzen erlernten. Da es Kopfsteinpflaster war, mußten die Steine mit einer flachen Seite nach oben liegen, aber auch so, daß sie den vorderen festhielten.

Ich war froh, daß meine Brigade Handlanger- und Rammarbeiten zu verrichten hatte. Diese Arbeiten waren nicht einfach, denn die Ramme war nicht gerade leichtgewichtig, und es mußte auch das Profil beachtet werden, damit keine Mulden oder Erhöhungen entstanden. Die Steine wurden dann mit Sand und Wasser eingeschlämmt, und die letzte Arbeit war die der Walze. Dabei gab es öfter Pannen. Wenn die Arbeiten auch mit gutem Willen gemacht wurden, so konnte man immer wieder sehen, daß nur Laien am Werk waren. An vielen Stellen schob die Walze die Steine einfach auf, weil diese nicht richtig im Verbund gepflastert waren. Nach vielen Ausbesserungen wurde die Straße aber doch noch fertiggestellt.

Ende Mai begann die richtige Arbeit beim Straßenbau. Das Gelände war recht hügelig, und so rollten eines Tages riesige Planierraupen heran. Die Reifen dieser Planierfahrzeuge hatten die stattliche Höhe von über zwei Metern. Sie trugen die Hügel ab und füllten damit die Täler. Unsere Arbeit war das Planieren des abgetragenen Erdreichs und das Glätten der Böschungen. Das dauerte mehrere Wochen.

An einer Stelle dieser Straßenführung fanden wir eine alte Wegstrecke, in deren Untergrund eine Schicht von dünnen, eichenen Baumstämmen lag. Diese Schicht mußte herausgeholt werden. Nach unseren Erkundigungen hatte sich hier vor langer Zeit ein sogenannter Knüppeldamm befunden. Diese Eichenstämme waren den russischen Bauern als Bauholz sehr willkommen, und wir fanden schnell heraus, daß wir hier ein Geschäft machen konnten.

Unsere Brigade wurde halbiert, morgens um fünf Uhr ging die eine Hälfte ohne Bewachung zur Arbeit, und die andere Hälfte arbeitete von mittags ein Uhr bis zum Abend, ebenfalls ohne Bewachung. Daß niemand verlorenging, oblag meiner Verantwortung. Unsere Arbeitseinteilung war schnell gemacht. Wenn die Brigaden am Abend mit der Bewachung ins Lager gefahren waren, wurden möglichst viele Stämme beiseitegeschafft. Drei bis vier Mann zogen in die Umgebung zu den Kleinbauern und suchten Kunden für unser Holz. Dies war aber lediglich während der ersten Tage erforderlich, denn die Mundpropaganda klappte wunderbar. Es kamen immer mehr Leute, die von dem Holz haben wollten, so daß wir bald nicht mehr genug hatten. Mit der Nachfrage stiegen natürlich auch die Preise. Außer Rubel gab es auch vielerlei Naturalien, so daß wir uns überlegten, wie wir sie verwerten konnten. Wir fragten nun jeden Kunden nach größeren Kochkesseln, und schon am dritten Tag brachte uns ein Bauer einen. Er wurde gesäubert, und ab diesem Zeitpunkt gab es fast jeden Abend eine Suppe für unsere Brigade. Die Frühschicht kochte zuerst einen Kessel für sich, und der zweite Kessel war bei der Heimkehr der Mittagsschicht fertig. Sicher gab es bei den anderen Kameraden viele Neider, aber unsere Brigade war in diesen drei bis vier Wochen jeden Tag satt. Wir entfernten uns immer mehr von Bjelgorod, und der Weg, den wir täglich zurücklegten, wurde immer länger. Die Lagerleitung entschloß sich nun, ein Zeltlager zu errichten. Vier große Zelte wurden aufgebaut, ein einfacher Drahtzaun diente als Abgrenzung. Es stand wohl ein russischer Posten am Lagereingang, aber jeder konnte hereinkommen und hinausgehen, wie er wollte. Jeden Abend war ein Antrete-Appell, um die Vollständigkeit festzustellen.

Etwa zweihundert Meter von unserem Lager entfernt entdeckten wir am Wegrand ein deutsches Soldatengrab. Das Kreuz trug weder einen Namen noch eine Inschrift, aber es hing ein deutscher Stahlhelm daran. Erstaunlicherweise war es gepflegt und mit frischen Blumen geschmückt. Wir sahen nie, wer von den Zivilisten das Grab in Ordnung hielt. Bis auf wenige Ausnahmen stellten wir immer wieder fest, daß die Bevölkerung in der Ukraine uns sehr gut gesinnt war.

Ansonsten war es in Bjelgorod langweilig. Nur vereinzelt standen ein paar Häuser herum, und es war schwierig, an Zusatzverpflegung zu kommen. Wir hatten hier auch keine Tauschobjekte, und bis jetzt hatten wir noch nicht versucht, etwas zu erbetteln. Wir waren zu stolz und glaubten auch nicht daran, ohne ein Angebot etwas Eßbares zu bekommen.

Eines Tages sprachen zwei Kameraden meiner Brigade einen vorbeifahrenden Bauern um Tabak an, und siehe da, was wir nie geglaubt hatten geschah: Jeder Kamerad bekam eine Handvoll Tabak und ein Stück Brot. Diese Erfahrung ließ uns auf den Gedanken kommen, zwei Mann der

Brigade über Land zu schicken, um Zusatzverpflegung zu besorgen. Eine Schwierigkeit gab es gleich am Anfang: Der Posten wollte keinen gehen lassen. Endlich gelang es nach langer Verhandlung, ihn umzustimmen. Die zweite Schwierigkeit bestand in der Forderung des Postens: für jeden Mann hundert Rubel. Aber woher sollten wir die Rubel nehmen? Ohne dieses Geld ließ der Posten keinen Mann gehen.

Bei vielen Leuten gab es viele Ideen und auch für uns einige Möglichkeiten. Jeden Tag fuhren bei uns viele Pferdewagen vor, die aus den Lagern in Bjelgorod mancherlei Sachen zu den Kolchosen transportierten. Bisher hatten wir den Wagen keine Beachtung geschenkt, aber nun versuchten einige Unentwegte, von ihnen brauchbare Sachen herunterzuholen, die dann zu Rubel gemacht werden sollten. Wenn wir einen Wagen kommen sahen, gingen zwei Kameraden ihm ein Stück entgegen und machten sich so klein wie möglich. War der Wagen an ihnen vorüber, liefen sie hinterher und betrachteten zuerst einmal die Ladung.

Der erste Tag war enttäuschend: Eine Flasche Speiseöl und zwei Pakete Stücksalz waren die Ausbeute. Aber schon am Tag darauf angelten die Männer drei Flaschen Wodka und einen Beutel Zucker. Mir war gar nicht wohl zumute bei dem Gedanken, daß einer erwischt würde. Diebstahl am Volkseigentum wurde hart bestraft. Der Posten erkannte sicher, was da vorging, sagte aber nichts. Insgeheim wünschte er sich wohl reiche Beute für uns, denn davon hingen die Bestechungsgelder ab.

Am Tag darauf gingen die ersten zwei Mann in die Dörfer, um den Wodka und den Zucker zu verkaufen. Sie erzählten, daß es nicht schwer war, die Sachen an den Mann zu bringen. Über vierhundert Rubel erbrachte der erste Tag. Die beiden Männer zogen nun in das nächste Dorf und erbaten von den Leuten Kartoffeln, Brot, ein wenig Speck sowie Salzgurken und Tabak.

Mir war schon angst und bange, als die Kameraden am Nachmittag noch nicht zurück waren. Endlich sahen wir sie in der Ferne langsam auf uns zukommen. Sie hatten schwer zu tragen, denn es waren bestimmt vierzig bis fünfzig Pfund Kartoffeln dabei.

Als erster war natürlich der Posten zur Stelle, um seine Rubel zu kassieren. Nur gut, daß die Männer nicht alles Geld zeigten, sonst hätte er es kassiert. Aber wir hatten die Posten schon zur Genüge kennengelernt.

Die Probe war bestanden, und die anderen Brigaden versuchten nun auch ihr Glück. Der Hauptverdiener dabei war der Posten, der fast jeden Tag dreihundert Rubel einnahm. Mit dieser Aktion wurde auch das Verhältnis zwischen Posten und Gefangenen besser. Die Posten wußten ganz genau, daß zu dieser Zeit niemand mehr an eine Flucht dachte. Immer wieder hörten wir: „. . . und wenn die Straße fertig ist, fahren alle nach Hause.“ Wir waren selbst fest davon überzeugt.

Die Einebnung der Straßenstrecke war fast beendet, als am Ausgang von Bjelgorod die ersten Kolonnen die erste Packlage einwalzten. Es ging fortlaufend weiter, die nächste Gruppe planierte den groben Schotter ins Straßenbett. Als letzte Schicht wurde noch ein feiner Schotter eingewalzt, damit war die Straße fertig zum Asphaltieren.

Meine Brigade mußte nach Beendigung der Planierarbeiten Steine klopfen. Das heißt, von Kopfsteinen mußten wir Schotter bis sieben Zentimeter Durchmesser klein klopfen. Der Schotter wurde entlang der Straße aufgeschüttet, von wo er später über die Packlage ins Straßenbett planiert wurde.

An jedem Abend kam der Straßenmeister und kontrollierte mit seinem Meßstab unsere Leistung. Es war ein Schlag ins Kontor, als wir die erste Rüge bekamen. Nach den Messungen des Meisters betrug unsere Leistung nur knapp sechzig Prozent. Bisher waren wir nur Lob gewohnt. Doch wir wurden uns schnell einig: Dem Manne kann geholfen werden!

Am folgenden Tag wurden Schaufeln mitgenommen, und jeder schüttete zuerst einmal einen Wall am Straßenrand auf. Darauf wurde dann der geklopfte Schotter geschüttet, und siehe da, bei der nächsten Messung hatten wir schon eine Arbeitsleistung von über neunzig Prozent. Also wurde fortan noch ein wenig mehr mit der Schaufel aufgeschüttet, und unsere Leistung war zufriedenstellend. Zum Glück mußten wir diese Arbeit nur etwa zehn Tage verrichten.

Unangenehm für mich persönlich war die politische Betreuung der Brigade. An einem Abend in der Woche mußte ich das Thema unserer Schule an die Brigade weitergeben, und das jedesmal zwei Stunden lang. Statt dessen hätte ich lieber sechs Stunden auf der Baustelle gearbeitet.

Die Männer saßen dabei auf ihrer Pritsche, machten Putz- und Flickstunde und waren wohl auch froh, wenn die Zeit vorbei war. Anfangs mußte ich die zwei Stunden genau einhalten und auch die vorgegebenen Themen vortragen. Ich war von unserem deutschen Lagerleiter nämlich vor zwei Leuten in der Brigade gewarnt worden, zwei richtigen Kommunisten, die schon mehrmals versucht hatten, andere Kameraden anzuschwärzen.

Dann kam eine günstige Gelegenheit, diese Leute loszuwerden. Von der Lagerleitung wurden mehrere Vertrauensleute gesucht, prompt meldete ich die beiden Männer, und wir waren sie los. In der Folgezeit war der politische Unterricht für alle erträglicher. Die Männer konnten in dem Zelt machen, was sie wollten. Einer beobachtete immer das Lagergelände und meldete sofort, wenn der Politoffizier im Anmarsch war. Kontrollen waren seinerzeit keine Seltenheit.

Eines Tages kamen aus allen Richtungen Zigeuner, machten in einem Tal unserem Lager gegenüber halt und richteten ihr Lager ein. Die Wagen fuhren im Kreis auf, und in der Mitte gab es immer wieder herzliche Begrüßungen. Die Jugend schwärmte aus und sammelte Holz. Am Nachmittag wurden mehrere kleine und größere Feuer angezündet. Wir waren gespannt, was das zu bedeuten hatte. Einige ältere Männer kamen schließlich zu uns und sprachen mit dem Posten. Sie gaben ihm Tabak und Feuer, schließlich holte ein Mann eine Flasche aus seiner Tasche und schüttete auch dem Posten einen Schnaps ein. Der Posten zeigte dann auf das Lager, und die Männer gingen dorthin.

Abends mußten wir vier Brigadiers zum Lagerleiter. Er lachte, als er uns erzählte, daß die Zigeuner von gegenüber bei ihm gewesen wären und uns eingeladen hätten, heute abend Gäste bei einer Hochzeit zu sein.

Also gingen der Lagerleiter, zwei Posten und wir vier Brigadiers als Hochzeitsgäste in das Zigeunerlager. Mit Jubel wurden wir empfangen und den Sippenältesten vorgestellt. Es gab Begrüßungsgetränke verschiedener Art, die wir ausnahmsweise auch trinken durften. Wir waren überrascht, wieviel Zigeuner deutsch sprechen konnten, und sie waren stolz darauf.

Das ganze Tal war erfüllt von Bratengeruch, denn an mehreren Feuern wurden große Fleischstücke am Spieß gebraten. Der Aufforderung, zu den Feuern zu gehen und von dem Fleisch zu essen, folgten wir nur zu gern, denn wann hatten wir so etwas schon bekommen?

Die Stimmung bei den Zigeunern stieg. Wein und Wodka brachten die Hochzeitsgesellschaft bald dazu, Instrumente herauszuholen und zum Tanz aufzuspielen. Immer wieder kamen andere Männer zu uns, um sich in deutscher Sprache mit uns zu unterhalten. Um Mitternacht mußten wir ins Lager zurück. Wir bedankten uns sehr und konnten noch Fleischstücke und Fladenbrot für unsere Kameraden mitnehmen. Es waren ein paar goldene Stunden in unserem harten, traurigen Dasein. Die Feier dauerte noch an, als wir am anderen Morgen zu unserer Arbeit gingen.

Nach drei Tagen zogen die Zigeuner wieder ab, nur die Feuerstellen erinnerten noch an sie.

Einige Tage später war das Glück mir wieder einmal zugetan. Auf dem Weg zur Arbeit, ich marschierte immer zum Schluß, entdeckte ich im Straßengraben ein zusammengerolltes Bündel Rubel. Ich blieb stehen und erklärte dem hinter mir marschierenden Posten, daß ich austreten müßte. Er hatte nichts dagegen, schon war ich im Graben und hatte das Geldbündel eingesteckt. Erst später hatte ich Gelegenheit, meinen Fund näher zu betrachten. Es waren über zweihundert Rubel, die ich mit niemandem teilen mußte. Jeder hatte in Gefangenschaft viele Bekannte, aber wahre Kameraden konnte man an den Fingern einer Hand abzählen. Ich machte da keine Ausnahme und sorgte zuerst für mich selbst.

Inzwischen hatten die Brigaden vom Erdbunkerlager mit der Asphaltierung des ersten Teilstücks begonnen. Die andere Gruppe war mit dem Planieren des Schotters bis zu unserem Abschnitt vorangekommen. So brachte unsere Brigade die Packlage und danach den Schotter ins Straßenbett. Zwei Kameraden, Straßenbau-Spezialisten, machten die Vermessung, und ich mußte darauf achten, daß das Profil auch richtig gehalten wurde. Dies war interessanter als die langweiligen Erdarbeiten.

Die Fahrzeuge des Fuhrparks, welche das Material heranschafften, gehörten nicht zum Lager. Alle drei Minuten kam ein Fahrzeug und kippte die Packlage oder später den Schotter ins Straßenbett. Dabei ereignete sich eines Tages ein böser Zwischenfall: Ein Fahrer, der den Schotter zu uns brachte, war zu weit gefahren. Er war wohl zu faul, um zurückzusetzen, fuhr einfach auf das fertig planierte Profil und machte mit seinen Reifen natürlich tiefe Rillen.

Ich stand zufällig an der Stelle und winkte dem Fahrer zum Halten. Aber der lachte nur und fuhr weiter. Voll Zorn hob ich einen Stein auf und warf ihn hinter dem Wagen her. Unglücklicherweise traf der Stein das kleine Fenster des Führerhauses und durchschlug es. Sofort stand der Wagen. Der Fahrer stieg aus und kam mit einem Schraubenschlüssel auf mich zu. Wer weiß, was noch passiert wäre, wenn der Posten durch mein lautes Rufen nicht schon auf uns aufmerksam geworden wäre. Also der Posten rief, doch der Fahrer hörte nicht auf ihn und kam weiter auf mich zu. Da gab der Posten einen Warnschuß in die Luft ab und forderte den Fahrer nochmals zum Halten auf. Das zeigte endlich Wirkung, und der Fahrer blieb zirka fünfzehn Meter vor mir stehen.

Wenn ich ehrlich bin, muß ich sagen, mir zitterten die Knie. Wir mußten uns beide in die Nähe des Postens setzen. Der Posten schrieb einen Zettel und gab ihn einem anderen Fahrer mit.

Nach gut einer Stunde kamen unser Politoffizier und ein Zivilist zu uns heraus. Ich hatte Zeit gehabt, mir etwas zu meiner Verteidigung auszudenken. Zuerst wurde der Fahrer befragt, der natürlich auf das Loch in der Scheibe zeigte und sich lautstark verteidigte. Dann fragte der Offizier mich. Ich erzählte ihm, wie ich den Fahrer anhalten wollte, der aber nur gelacht hätte, und mir bei so einer Arbeitssabotage der Geduldsfaden gerissen wäre.

Die beiden Männer schauten sich das eingefahrene Profil noch einmal an, sprachen kurz miteinander und nahmen den Fahrer in ihrem Wagen mit. Später hörte ich, daß er bestraft wurde und nicht mehr bei uns fahren durfte. Für mich war die Angelegenheit erledigt, worüber ich natürlich sehr froh war.

Immer mal wieder hatten wir auch unsere alte Masche mit dem Diebstahl von Wodka oder sonstigen umsetzbaren Artikeln drauf. Wenn es geklappt hatte, gingen sofort zwei Mann auf Betteltour, das heißt, erst wurden die Sachen verkauft, um die nötigen Rubel für den Posten zu bekommen, und dann gingen sie wieder in ein anderes Dorf, um zu betteln. Darin waren wir nach vier Jahren Gefangenschaft zu wahren Routiniers geworden. Auch unser Arzt hatte immer wieder gesagt: „Jungs, haltet durch! Seht zu, wo ihr etwas für euer leibliches Wohl herbekommt, und wenn es gestohlen werden muß!"

Der vorüberrollende Verkehr, nicht nur die Pferdewagen, sondern auch LKW-Transporte, wurde immer stärker. Die LKWs mußten an unserer Arbeitsstelle langsam fahren, und so ging es nach dem erprobten Verfahren. Zwei Mann saßen schon ein Stück vor unserer Arbeitsstelle und warteten. Wenn ein Wagen langsamer fuhr, sprangen die zwei Kameraden auf und warfen Teile des Ladeguts einfach auf den Weg. Wir hatten festgestellt, daß die Aufmerksamkeit der Fahrer immer auf die Straßenarbeiten vor ihnen gerichtet war, und wir waren ja brav bei unserer Arbeit. Anschließend wurde die sogenannte Beute aufgelesen und verteilt. Selbst die Posten freuten sich darüber, denn öfter aßen sie mit uns von den gerösteten Kartoffeln.

Eines Tages wurden wir von einem LKW herunter in deutscher Sprache begrüßt: von deutschen Frauen aus einem Gefangenenlager bei Charkow. Leider konnten wir uns nicht länger unterhalten, denn der Fahrer blieb nur kurz stehen. Die Frauen waren fest davon überzeugt, innerhalb der nächsten drei Monate entlassen zu werden. Wir wünschten ihnen alles Gute. Wir hatten zum ersten Mal von der Existenz deutscher Frauenlager erfahren.

Der Brückenbau

Unsere Arbeit des Einplanierens ging dem Ende zu. Nur ein paar Mann blieben im Zeltlager, alle anderen kamen wieder nach Bjelgorod ins Erdbunkerlager. Wir waren erstaunt, wie weit die Straße schon fertig war, eine sechs Meter breite Asphaltstraße, ohne große Höhen und Täler. Für die Asphaltierung wurde ein großer Aufwand betrieben. Zwei Maschinen waren im Einsatz. Jede belegte die Straße in drei Meter Breite. Eine Maschine asphaltierte also die eine Hälfte, in etwa einhundert Metern Abstand kam die zweite und belegte die andere Straßenhälfte. Hinter jeder Maschine waren ein paar Mann, welche kleine Unebenheiten mit Harken und Schaufeln ausglichen. Jeder Maschine war natürlich eine Walze zugeordnet, die dann alles glättete. Einen Stillstand bei der Asphaltierung gab es praktisch nicht. Die zubringenden Kipper brachten den warmen Asphalt zu den Maschinen und kippten ihn während des Asphaltierens hinein. Ein großer Bitumenkocher mit einer Mischmaschine stand Tag und Nacht unter Feuer und sorgte so für Nachschub.

Unsere Brigade mußte noch zwei große Mulden ausheben, die den Vorrat an Bitumen aufnehmen sollten. In der Nacht wurde das Bitumen vom Bahnhof geholt und in die vorbereiteten Mulden gekippt. Am Tag war es schwer zu verarbeiten, denn gleich nach Sonnenaufgang wurde das Bitumen geschmeidig.

Dieser Umstand kostete einen Offizier des Lagers fast das Leben. Er war an einem Abend, wohl alkoholisiert, auf dem Heimweg in eine dieser Bitumenmulden gefallen und dort eingeschlafen. Als er am anderen Morgen aufwachte, schien längst die Sonne, und das Bitumen war weich geworden. Sosehr er sich auch mühte herauszukommen, er schaffte es nicht und sank dabei immer tiefer. Auch seine Hilferufe blieben ungehört, bis endlich ein Pferdekutscher vorbeikam. Allein konnte dieser ihm jedoch nicht helfen, und so kam er zum Lager, um Hilfe zu holen. Nach großer Anstrengung mit Brettern und Leinen konnte der Offizier aus der Mulde geholt werden, wobei er seine Uniform zurücklassen mußte. Danach wurden alle Mulden mit Umzäunungen versehen.

Im Herbst, der Zeit der Zuckerrüben, eröffnete sich uns eine neue Quelle der Zusatzverpflegung. Wir hatten keine Schwierigkeiten, Zuckerrüben zu bekommen. Wir aßen sie nicht etwa als Rohkost, sondern rösteten sie am Abend an unseren Lagerfeuern oder am Tag in der Asche der großen Bitumenöfen. Eine geröstete Zuckerrübe reichte vollkommen, um den Hunger eines Mannes zu stillen. Die Rüben waren zu süß, um davon mehr als eine zu essen. Auf jeden Fall konnte man sagen, daß man rundum satt und zufrieden war.

Wir rechneten oft die Zeit unserer Entlassung aus, denn man hatte uns gesagt, daß die Beendigung der Straßenarbeit unsere Heimkehr bedeute. Deshalb waren wir auch alle gut gelaunt und schafften mehr, als wir mußten. Dann jedoch wurde uns eröffnet, daß die Brücke, welche die neue Straße mit der Stadt Bjelgorod verband, von uns noch gebaut werden müßte. Es sollte eine Brücke über einen kleinen Fluß mit einer Länge von etwa vierzig Metern werden. Es wurde auch gleich offiziell erklärt, daß es die letzte Arbeit wäre und wir dann sofort nach Hause entlassen würden. Wir konnten natürlich nichts dagegen tun, denn wir waren immer noch Kriegsgefangene ohne Rechte.

Also wurde die Brücke in Angriff genommen. Da es schon Ende September war, wurde die Baustelle zuerst einmal ganz eingeschalt, das heißt, wegen des zu erwartenden Frostes wurde alles, was mit Beton ausgegossen werden sollte, mit Brettern und Isoliermaterial abgedeckt. Die Arbeit lief sofort auf Hochtouren. Zimmermanns-Brigaden schalten Tag und Nacht ein. Eine andere Kolonne war damit beschäftigt, tonnenweise Moniereisen zu biegen und in die Verschalungen einzubauen. Nach sechs Wochen waren diese Vorarbeiten getätigt, und dann gab es wieder eine Überraschung: Für die Betonierarbeiten wurden nur noch fünfzig Mann gebraucht, und der Rest, etwa neunzig bis einhundert, kam ins Hauptlager nach Bjeschitza zur Entlassung.

Ich hatte das Glück nicht auf meiner Seite und mußte noch weiter zur Brückenarbeit.

In den ersten Tagen geschah nichts, die Heizung an der Verschalung lief auf vollen Touren, denn es herrschte schon einige Grad Frost. Wie wir erfuhren, wartete man auf Kies. Zement lag schon lange neben der Brücke, nur mit dem Kies war irgendeine Panne passiert, wodurch unsere Zwangspause entstand. Von seiten der Lagerleitung wurden wir jetzt schon als Freie betrachtet. Am Tor stand kein Posten mehr, nur die Brigadiere hatten das Sagen. Aber wir hatten ja auch ein Ziel: Fertigstellung der Brücke und dann unsere Entlassung.

Endlich kam der erwartete Kies, die Betonmischmaschinen wurden in Gang gesetzt, uns wurden zwei Möglichkeiten zur Auswahl gestellt: entweder drei Brigaden zu fünfzehn Mann, also drei Schichten von acht Stunden, oder zwei Brigaden zu zweiundzwanzig Mann, die sich dann alle zwölf Stunden ablösen sollten. Ohne Ausnahme waren alle dafür, die Zwölf-Stunden-Schicht zu versuchen, um die Brücke schneller fertigzustellen.

Obwohl die Schwächsten entlassen waren, waren auch unter den Dagebliebenen nicht alle gerade kräftig. So wurden die Schwachen zu den leichtesten Arbeiten eingeteilt: die Bedienung der Mischmaschinen, die Handhabung der Vibratoren, welche dafür zu sorgen hatten, daß in dem eingeschütteten Beton keine Blasen entstanden.

Zum Glück war der Nachschub von Kies und Zement gut vorbereitet. Über den beiden Mischmaschinen waren trichterartige Bunker gebaut, aus denen man die benötigte Menge in die Maschinen laufen lassen konnte. Das Befüllen der Trichter erfolgte durch Kipper, welche Tag und Nacht im Einsatz waren. Die schwerste Arbeit war das Betonieren. Der Beton mußte mit Schubkarren an die einzelnen Stellen herangefahren werden. Es wurde an zwei Stellen zugleich betoniert. Ein russischer Ingenieur kam mehrmals am Tag und oft auch in der Nacht, um die Arbeit zu überwachen. Ich habe ihn niemals nüchtern gesehen. Er war nie zufrieden, trug immer einen Knüppel bei sich und verteilte auch grundlos Schläge.

Nach etwa drei Wochen Brückenbau, wir hatten gerade eine Stunde gearbeitet, kam ein Posten und holte uns ins Lager. Die abgelösten Kameraden standen schon auf dem Antreteplatz, es herrschte eine niedergedrückte Stimmung. Niemand wußte, was das zu bedeuten hatte.

Endlich kam der Lagerleiter und fragte, ob und wann jemand den Brückenbau-Ingenieur zum letzten Mal gesehen hätte. Der Brigadier der abgelösten Schicht meldete sich und sagte, daß der Ingenieur gegen Mitternacht an der Brücke gewesen wäre, und nach etwa einer halben Stunde in Richtung Stadt weggegangen sei. Ob denn nichts an ihm aufgefallen sei, wollte der Offizier noch wissen. Eigentlich nicht, nur daß er vielleicht noch betrunkener war als sonst, war die Antwort. Unsere Spannung löste sich erst, als wir an unsere Arbeitsstelle abtreten konnten. Der Mann tauchte nie wieder auf, wo er geblieben ist, hat niemand erfahren.

Es sollte die letzte Aufregung für uns gewesen sein. Die Arbeit ging zügig voran, aber unsere Hoffnung auf ein Weihnachtsfest in der Heimat wurde immer kleiner. Niemandem war weihnachtlich zumute.

Es mußte weiter betoniert werden, aber wir waren schon an der Fahrbahndecke. Die meiste Zeit hatten die Brückenpfeiler in Anspruch genommen. Es wurde Mitte Januar, als die letzten Schubkarren Beton für die Brücke gefahren wurden. Nur gut, daß die Verschalung noch wegen der Kälte bleiben mußte. So übernahmen die russischen Arbeiter den Abbau der Maschinen und beheizten weiter die Brücke. Wahrscheinlich war es auch der russischen Lagerleitung ein Bedürfnis, uns ein Lob auszusprechen und zu erklären, daß wir nun keine Gefangenen mehr seien.

In den folgenden Tagen wurden unsere gesteppten Anzüge nach Bedarf umgetauscht, jeder bekam einen Geldbetrag, mit dem er tun und lassen konnte, was er wollte. Also ging es zuerst in die Stadt. Es hatte sich bei den Leuten schon herumgesprochen, daß wir entlassen werden, und wir merkten es auch an ihrem freundlichen Benehmen. Einige Kameraden waren von den Leuten eingeladen worden, und neben Brot und Suppe gab es auch Tabak und Wodka.

Am dritten Tag Ruhe wurden alle Brigadiere, wir waren noch vier Kameraden, zum Politoffizier gerufen, der uns in seinem Dienstzimmer freundlich empfing. Wir bekamen ein Glas Wodka und Zigaretten. Dann ließ er die Katze aus dem Sack: Jeder von uns sollte wählen, was er nach seiner Rückkehr in Deutschland machen wolle: entweder in die Parteiführung gehen oder in einen volkseigenen Betrieb als politischer Betreuer. Der Offizier setzte nämlich voraus, daß wir in der „Ostzone“ bleiben würden.

Betretenes Schweigen, dann erklärte ein Brigadier, daß wir hier nur ostzonale Zeitungen und Nachrichten gehört und gelesen hätten, und nun doch zuerst einmal persönlich das neue Deutschland in Augenschein nehmen wollten. Die anderen Brigadiere stimmten zu.

Dem Politoffizier kam diese Antwort wohl nicht gerade

recht, aber er erklärte, daß alle unsere Personalien zur Zentrale nach Berlin überwiesen würden und wir uns lediglich dort melden sollten, wenn wir soweit wären, um eine Tätigkeit zu übernehmen. Wir versprachen es und durften dann gehen.

Nach einer weiteren Woche Aufenthalt in Bjelgorod wurden wir mit der Bahn nach Kiew gebracht, in ein Sammellager, wo auch aus anderen Lagern viele Gefangene eintrafen.

Das Soll war erfüllt, und es ging zum Bahnhof. Dort gab es noch mehrmals Kontrollen, die Verladung dauerte fast den ganzen Tag. Das Essen war gut und die Marschverpflegung zufriedenstellend. Auch wenn wir nichts bekommen hätten – Hauptsache war die Entlassung.

Die Fahrt ging nun bis Brest. Dort wurde die Spurbreite der Bahn enger. Wir mußten den Zug verlassen, und es gab nochmals eine gründliche Kontrolle. Wir mußten unsere Kleidung ausziehen, und alles ging durch die Entlausung. In dieser Zeit der Bekleidungs-Desinfizierung besuchten die Männer die Sauna.

Das Handgepäck wurde nun nochmals überprüft, und hier gab es eine Aufregung. Bei einem Kameraden durchstach der russische Kontroll-Posten ein Stück Seife, spürte einen Widerstand, brach die Seife auseinander, und hervor kam ein Ritterkreuz. Fünf Jahre hatte dieser Soldat es verstanden, seine Auszeichnung durchzubringen, und ausgerechnet hier fiel er auf. Die Kontrollen bei den anderen Kameraden waren nicht so gründlich. Feindschaft oder Neid spielten hier bestimmt eine Rolle. Der Mann wurde sofort einem Soldaten übergeben und mit Flüchen abgeführt. Ich habe ihn auf dem weiteren Transport nicht wiedergesehen.

Auch hier wurden alle Namen aufgerufen, und erst dann durften wir in den wartenden Zug einsteigen. Die letzte Strecke unserer Heimfahrt begann. Die Stimmung fiel mir auf: keine Zeichen der Freude, keine Unterhaltungen oder gar ein Lied. Jeder hing seinen Gedanken nach.

Es wurde dunkel, und wir fuhren in die Nacht hinein. Nur selten interessierte sich jemand für die Namen der Orte, die wir durchfuhren, es war eben eine Erwartung, die wohl bei jedem Kameraden anders aussah. Ich selbst hatte schon lange vor diesem Zeitpunkt mein Ziel gesteckt. Meine Heimat war polnisch besetztes Gebiet und kam für mich nicht in Frage. In der „Ostzone" wohnte meine Schwester, die mich gern aufgenommen hätte. Ich wollte wenigstens ein paar Tage dorthin und dann zu meinem Endziel, meinem Bruder nach Westfalen, das meine neue Heimat wurde.

Die Entlassung

Gegen Mitternacht fuhr der Zug auf einem Nebengleis in Frankfurt/Oder ein. Die Türen wurden geöffnet. Die Menschen bemühten sich um uns. Natürlich gab es keinen großen Empfang mit Ansprache und Musik, aber wir waren auch froh, daß unsere Entlassung so unbürokratisch und schnell vorüberging. Nach der Registrierung und einem Imbiß kamen wir an die Ausgabe der Fahrscheine. Jeder wurde gefragt, wohin er fahren wolle, und schon gab es den Fahrschein. Ich war nun doch unentschlossen, wohin ich mich wenden sollte. Aber als ich vor der Ausgabe stand, sagte ich einfach: Berlin. Nach knapp einer Stunde stand ich mit meinem selbstgebastelten Sperrholzkoffer auf dem Bahnsteig Richtung Berlin. Ich glaube, die meisten fuhren zuerst einmal nach Berlin, um sich dann endgültig zu entscheiden. So war es auch bei mir.

Kurzentschlossen stieg ich in die Stadtbahn und fuhr bis Berlin-Wannsee. Dort meldete ich mich beim DRK als entlassener Kriegsgefangener, der nach Westfalen zu seinem Bruder wollte. Aber hier ging es nicht so schnell wie in Frankfurt/Oder. Ich bekam Schreibzeug und sollte meinem Bruder schreiben, er möge bestätigen, daß er mich in seiner Wohnung aufnehmen wolle, am besten wäre noch ein Anruf beim DRK.

Nach drei Tagen endlich wurde ich zum Büro gerufen. Mein Bruder hatte angerufen und wollte mich natürlich sprechen. Er hatte alles bestätigt, und meiner zweiten Entlassung stand nichts im Wege. Ich bekam einen Fahrschein nach Friedland und konnte mit dem nächsten Zug zur Grenze fahren.

Mir war nicht ganz wohl dabei, denn ich mußte ja wieder

durch „ostzonales“ Gebiet. Aber bei der Zugkontrolle geschah nichts. Endlich hielt der Zug an der Grenze. Rotkreuz-Schwestern forderten die Reisenden nach Friedland auf, sich auf dem Bahnsteig zu sammeln. Ich war erstaunt, wieviele es waren. Nochmals durch eine Kontrolle, und wir wurden ins Aufnahmelager Friedland geführt. Hier standen Wellblechhütten, in die wir eingewiesen wurden. Ohne langes Warten ging es zuerst zur Registrierung, dann weiter zur ärztlichen Untersuchung. Ich kam kaum zur Besinnung, denn immer wieder mußte ich woanders hin. Bei der Registrierung gab es auch einen Geldbetrag für Notwendigkeiten wie Koffer und Toilettenartikel.

Beim Roten Kreuz herrschte reger Betrieb. Es gab dort guterhaltene Unter- und Oberbekleidung, und so mußte man eben einen Koffer kaufen, um die Sachen mitnehmen zu können. Als die Formalitäten erledigt waren, wobei es auch die Freifahrtscheine für die Endziele gegeben hatte, ging es zum Verpflegungsempfang. Ein warmer Eintopf stand immer bereit, und jeder bekam eine Tagesration Brot, Butter und Belag.

Bei der Auskunft erkundigte ich mich nach dem weiteren Ablauf der Entlassung. Freundlich wurde mir gesagt, daß ich zu meinem Ziel fahren könnte, und dort müßte ich mich mit dem Entlassungsschein, den ich bei der ärztlichen Untersuchung erhalten hätte, bei der örtlichen Meldebehörde vorstellen. Auch die Abfahrtzeit meines Zuges wurde mir mitgeteilt. Am 31. Januar 1950 war ich wirklich entlassen und frei.

Mein Zug fuhr aber erst in den Abendstunden ab, und ich konnte mich noch ein wenig im Lager umsehen. Dort trank ich das erste Glas Bier. Die Abfahrtzeit rückte näher, und ich war schon sehr frühzeitig auf dem Bahnsteig, um nur nicht zu spät zu kommen. Der Zug war nicht voll besetzt, und ich merkte, daß ich öfter beobachtet wurde. Ich trug ja noch den russischen Watteanzug und den kleinen Holzkoffer, also sah man mir den Heimkehrer schon an.

Gegen Mitternacht war ich endlich am Ziel. Auf dem Bahnsteig stand ein großes Schild, „B... grüßt seine Heimkehrer". Da mein Bruder nicht wußte, wann ich ankommen würde, konnte mich auch keiner abholen, und ich kannte nur die Straße und Hausnummer. Also ging ich in den Warteraum und setzte mich an einen Tisch. Ein Kellner fragte nach meinen Wünschen. Aber ich wollte ja nur den Weg zu meinem Bruder wissen, und so erklärte ich ihm meine Heimkehr und fragte ihn nach dem Weg. Aber niemand kannte die Straße, und ich mußte zunächst einmal weiter warten.

Gegen drei Uhr kam eine Polizeistreife in den Warteraum, fragte nach Woher und Wohin, und ich mußte meinen Entlassungsschein vorzeigen. Auch die Polizeibeamten konnten mir keine Auskunft über den Weg zu meinem Bruder geben, rieten mir jedoch, ab fünf Uhr bei den Leuten nachzufragen, die mit dem Zug zur Arbeit fuhren. Also wartete ich weiter, bis dann wirklich mehrere Leute auf den Bahnhof kamen. Ein Mann wußte, daß die Straße nicht weit weg war, zeigte mir die Richtung und sagte mir noch, daß ich an einer Kirche nochmals fragen sollte. Ich tat es, und prompt konnte man mir genau den Weg beschreiben.

Nur eine Viertel Stunde vom Bahnhof entfernt fand ich die Straße, und dafür hatte ich fünf Stunden warten müssen. Die Straße war wirklich klein und höchstens achtzig Meter lang. Ich suchte die Hausnummer und fand sie am letzten kleinen Haus. Als ich zum Fenster hineinsah, fing ein Hund an zu bellen. Ein Geräusch sagte mir, daß jemand zu Hause war. Die Vorhänge wurden zur Seite geschoben, und ich erblickte meine Schwägerin. Sie erschrak, öffnete aber sofort die Tür. Es war eine herzliche Begrüßung, leider war mein Bruder schon zum Dienst gegangen. Meine Schwägerin machte mir ein richtiges Frühstück, wir unterhielten uns noch ein wenig, und dann fielen mir die Augen zu. Als ich nach einem tiefen Schlaf wieder aufwachte, war mein Bruder schon zu Hause, und es gab natürlich vieles zu erzählen.

In den folgenden Tagen war viel zu erledigen. Beim Meldeamt, Arbeitsamt und Gesundheitsamt, wo ich zunächst einmal arbeitsunfähig erklärt wurde. Dann gab es noch die vielen Aufmerksamkeiten: Freikarten für zwei Personen ins Theater, ein Freifahrtscheinheft für die Straßenbahn und ein Überbrückungsgeld von hundertfünfzig Mark. Die Entschädigung für fast fünf Jahre Gefangenschaft kam erst später; es waren genau eintausendfünfhundert Mark. Es reichte gerade für neue Unter- und Oberbekleidung.

Bis Mai war ich arbeitsunfähig geschrieben, dann ging ich zum Arbeitsamt. Außer im Bergbau konnte man mir keine Arbeit anbieten, also bekam ich Arbeitslosengeld; in der Woche waren es neunzehn Mark fünfzig. Ich ging selbst auf Arbeitssuche, und in kurzer Zeit konnte ich, wenn auch zuerst einmal bei recht schwerer Arbeit, mehr Geld in Empfang nehmen. Seit dieser Zeit habe ich das Arbeitsamt nicht mehr betreten.

Inhalt